나를 변화시키는 긍정 확언 100일 필사의 힘

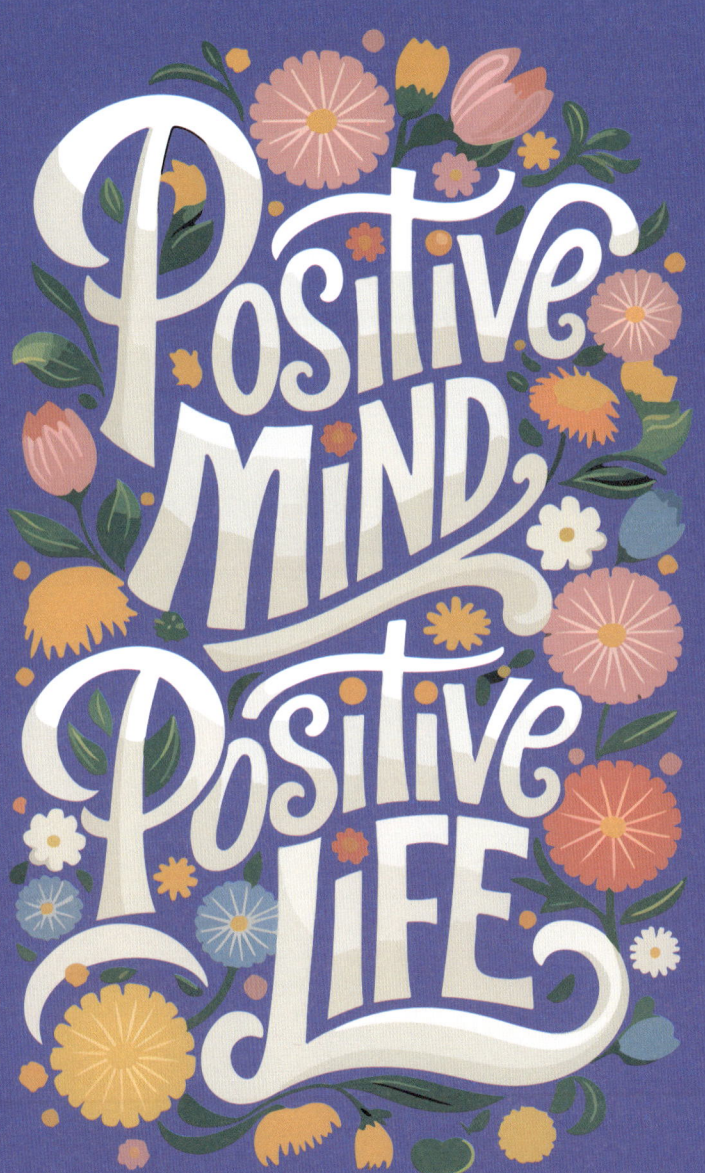

긍정파워

임미정
박설희
배정숙
신시옥
신혜정
오정욱
함말순
지음

대경북스

긍정파워

1판 1쇄 인쇄 2025년 9월 25일
1판 1쇄 발행 2025년 9월 30일

지은이 임미정 박설희 배정숙 신시옥 신혜정 오정욱 함말순
발행인 김영대
펴낸 곳 대경북스
등록번호 제 1-1003호
주소 서울시 강동구 천중로42길 45(길동 379-15) 2F
전화 (02)485-1988, 485-2586~87
팩스 (02)485-1488
쇼핑몰 https://smartstore.naver.com/dkbooksmall
e-mail dkbookss@naver.com

ISBN 979-11-7168-112-9 03810

※ 이 책은 저작권법에 따라 보호받는 저작물이므로 무단전재와 무단복제를 금지하며, 이 책 내용의 전부 또는 일부를 이용하려면 반드시 저작권자와 대경북스의 서면 동의를 받아야 합니다.

프/롤/로/그

    Do Dream 연구소 채팅방에서는 매일 필사가 이루어진다. 처음은 루이스 헤이의 《하루 한 장 마음챙김 긍정 확언 필사집》을 함께 필사했다. 모두 100일을 넘기고, 365일째도 해냈다. 중간에 멈춘 사람도 있지만, 현재 1,000일을 넘긴 사람이 여럿이고, 매일 필사를 계속하고 있다. 이제 루틴이 되었다.
    긍정 확언 필사는 별자리가 선원을 안내하는 것처럼 우리의 삶을 안내했다. '같이 & 가치'를 추구하며 '동행의 힘'을 경험하게 했다. 어떤 일을 매일, 꾸준히 하며 습관화하는 것은 결코 쉬운 일이 아니라는 것을 누구나 한 번쯤 경험했을 것이다. 우리도 그랬다. 하지만 '함께'의 힘은 컸다. 100일, 200일, 365일을 함께 쓰는 동안 서로 응원과 격려를 아끼지 않았다. 아기의 탄생 100일을 축하해 주듯, 그날을 맞이하는 사람이 있으면 공감 댓글이 수

두룩했다. 소회를 듣기도 하고, 남기기도 했다. 그냥 흘려보내기 아까워 내용을 담으니 긍정 수레에 가득했다. 필사 365일을 마치고 나면 심신에 변화가 생겼다고 이구동성으로 말했다. 그러나 "필사, 그거 시간 낭비다." "창조적인 글이 필요한 거다."라고 누군가 말했다. 하지만 우리의 경험은 달랐다.

    필사를 시작한 지 3년째다. 생각 외로 긍정 확언 필사의 힘은 컸다. 마음이 다스려지는 것은 물론 일상에 도움이 되지 않았다면 결코 스스로 하지 않았을 것이다. 우리는 필사 100일 때 가진 생각과 삶의 변화를 기록했다. 하루 한 장 마음을 챙기며, 쓰는 것은 행복이었다. 뿌듯함이었다. 나를 알게 했으며, 자존감이 높아졌다. 자신감도 생겼다. 폐부 깊숙이 잠자고 있던 감정을 일깨웠다. 알아차림으로 다시 시작하게 했으며, 긍정의 신념으로 사랑을 배우게 했다. 내가 먼저 나를 용서하고 손 내밀어 용서할 수 있는 마음을 갖게 했다.

    '100일' 넘긴 시간은 인내와 노력의 시간이었다. 그런 만큼 축적된 것이 있었다. 그 경험을 나누고 싶었다. 우리의 경험이 조금이나마 독자의 삶에 보탬이 되었으면 좋겠다.

저자 대표 임미정

차 례

프/롤/로/그_3

Chapter 01. 시작

작게 시작하고 잘게 나눠라 | 임미정_11
또 하나의 시작 | 박설희_16
시작한 나의 인생 반쪽 | 배정숙_20
가랑비에 옷 젖듯이 | 신시옥_24
'혹'과 '훅' 사이 | 신혜정_28
시작이라는 두려움과 기대감 | 오정욱_32
끝은 또 다른 시작 | 함말순_36

Chapter 02. 선택

계층 이동의 사다리 | 임미정_43
막둥이 내 사랑 핑구 | 박설희_48
아이들과 함께 피운 꽃길 | 배정숙_53
탁월한 선택 | 신시옥_57

하루 중 행복한 두 순간 | 신혜정_61
선택은 5 대 5 선택은 긍정적 집념 | 오정욱_65
아버님의 선택 | 함말순_71

Chapter 03. 사랑

사랑을 배우다 | 임미정_77
나의 사랑 버킷리스트 | 박설희_81
영원한 내 편 | 배정숙_86
가슴 뛰는 삶 | 신시옥_90
우리는 자신을 사랑하기 위해서 왔다 | 신혜정_94
내리사랑 치사랑 | 오정욱_98
쌤! 스테이크 사 드릴게요 | 함말순_102

Chapter 04. 변화

10배의 법칙 | 임미정_109
'설희' 내가 곧 변화란다 | 박설희_114
변화 속에서 피어나는 우리 | 배정숙_118
마르지 않는 사랑샘 | 신시옥_122
하루 한 번 스트레칭 하기 | 신혜정_126

열정은 변화를 불러온다 | 오정욱_130

일상의 변화 | 함말순_133

Chapter 05. 용서

용서는 내가 나에게 주는 선물이다 | 임미정_139

어릴 적 엄마의 모습 | 박설희_144

용서, 내 마음의 날갯짓 | 배정숙_148

나는 나를 용서한다 | 신시옥_152

못하는 걸까, 안 하는 걸까 | 신혜정_156

용서는 자유 | 오정욱_160

아버님 용서하세요 | 함말순_163

Chapter 06. 관계

관계의 꽃 | 임미정_169

관계 회복으로 행복한 나 | 박설희_174

어울림의 온도 | 배정숙_178

주는 게 기쁨이지! | 신시옥_182

나의 색다른 인간관계 | 신혜정_186

인간관계는 마음의 풍요로움을 가져온다 | 오정욱_189

친구와 삶의 관계 | 함말순_193

에/필/로/그_197

저자소개_211

Chapter 01

시작

점 하나로 시작된 '배움의 시간과 노력의 축적은 나를 배반하지 않는다. 시작은 어떤 일을 가능하게 하는 힘을 지녔으며, 그 일의 가장 중요한 부분이다. 점으로 시작된 지금 내가 하는 경험은 '새로운 인식과 기회를 얻기 위한 디딤돌이다.'라고 했던 루이스의 말을 삶의 현장에서 실감한다.

작게 시작하고 잘게 나눠라

임미정

"교수님 특강 한 번 해주시죠?"

KBS 심리 브랜딩 강사과정의 주임교수이신 한 교수님한테서 전화가 왔다. 전에 바로 대답하지 못했던 나는 이번에는 "네!"하고 금세 대답했다. 이렇게 시작된 대화는 KBS 스포츠예술원 '심리 브랜딩' 교수 위촉과 함께 심리 브랜딩 5기 과정에 〈코칭 캘리 테라피 과목〉을 맡아 교수진 참여로 이어졌다.

지난 토요일 〈캘리 문화 피우기로 내 인생을 디자인하라〉는 주제로 강의했다. 강의 전 준비과정에서 '어떤 내용을 담을까?' 고민했다. 캘리그라피로 쓴 〈긍정 확언 필사집〉의 긍정 문장이 때로는 사람들에게 감동을 주었던 일들이 주마등처럼 스쳤다. "오늘 글귀가 딱 내 마음 같아요." 하며 문자를 보낸 분이 있었다. 고민하던 이에게 용기를 내어 뭔가를 시작하게 했으며, 자기 자신을 돌보게 했다. 친한 친구의 죽음으로 상실을 경험한 이가 무기력하게 보내고 있을 때 긍정 캘리로 전했던 문구가 위로되었다는 얘기가 떠올랐다.

긍정은 어렵고 힘들게 여겨졌던 나의 삶을 행복과 성공으로 이끄는 데 큰 힘을 발휘했다. '긍정'이라는 단어가 준 힘의 경험담을 들려줘야겠다고 생각했다. '나를 담은 캘리그라피', '나를 반올림해 가치 높이기' 등 일상에서 캘리 문화 피우기로 향기를 내는 내용을 강의 자료에 담았다.

지금의 나는 이전에 품었던 내 생각과 신념, 행동을 통해 얻어낸 결과물이다. 점 하나로 시작된 '배움의 시간과 노력의 축적은 나를 배반하지 않는다'는 것을 경험했다. 이러한 시작은 어떤 일을 가능하게 하는 힘을 지녔으며, 그 일의 가장 중요한 부분이었다. 점 하나의 작은 시작을 통한 지금 내가 하는 경험은 "새로운 인식과 기회를 얻기 위한 디딤돌이다."라고 했던 루이스의 말을 실감하는 순간이었다. 점 하나 찍었던 시작의 시간이 없었더라면 KBS 심리브랜딩 교수도, 캘리 테라피스트라는 직함도 내게 주어지지 않았을 것이다. 또한 다른 꽃의 꽃가루로 꽃을 피우는 일은 아예 없었을 것이다. 캘리와 긍정 심리가 만나 융합된 꽃으로 피어난 캘리 꽃 문화 피우기는 '메디치 효과'라 부르는 '연결의 힘'으로 태어났다.

  캘리그라피와는 인연은 그리 오래되지 않았다. 코로나19의 침투로 우리의 일상이 일그러졌다. 대면에서 비대면 모임과 강의로 환경이 변했다. 경제적으로나 심리적으로도 위축되어 이구동성으로 너무 힘들다고 했다. 나 역시 예외는 아니었다. 코로나19 때문에 힘든 일도 있었으나 코로나 덕분에 여유로운 시간을 가질 수 있어 좋았다.

  '그래 이 참에 하고 싶었던 것을 배워보자.'라며 비대면으로 진행되는 강좌를 듣고 또 들었다. 100시간의 교육 이수에 하나의 상담 사례를 제출해야 마치는 푸드 표현상담사 과정을 마쳤다. 이후 푸놀치공놀코칭, 긍정심리학, 심상법, 에니어그램, KBS 심리 브랜딩 강사과정 등 주로 심리가 자본이 되는 강의를 수강했다.

  강의를 듣는 일이 퇴근 후 나의 일상이 되었다. 이즈음 아파트 엘리베이터에 캘리그라피 수강생 모집 안내가 붙어있는 것을 보았다. 우리 아파트 1층에 마련된 '맘스 카페'에서 배울 기회가 주어진 것이다. 연습할 시간이 없다는 핑계로 수업에만 참여했다. 상황이 여의찮아 결석도 자주 했다. 이런저런 핑계를 대며 연습하지 않으니 실력이 늘지 않았다. 어제보다 더 나아져야 하는데 변화가 없었다. '이번 주말에는 연습을 많이 해야지' 하고 계획을 세우지만 실행되지 않았다. '그만둘까?'도 생각했지만 그렇다고 포기할 수는 없었다. 실력을 키울 방법이 필요했다.

'목표를 잘게 나눠라. 그러면 이루리라. 당신이 매일 해야 할 행동에는 어떤 것이 있는지 꼼꼼히 확인해 보라. 그리고 그것을 실현해라. 거기서 멈추지 마라. 당신의 여정 도중에, 그리고 그 이후에 마음가짐이 어떻게 바뀌어야 할지 생각해 보라. 당신은 목표를 부단히 추구해야 한다.' 《시작의 기술》에서 읽었던 말이 떠올랐다. '그날 할 일 중 우선 순위를 바꿔보는 거야' 하며 다시 마음을 가다듬었다. 미라클 모닝에 끼워 하루 10분 만이라도 연습하기로 했다. 루틴으로 하는 〈긍정 확언 필사 365 챌린지〉와 함께 〈한 문장 캘리 쓰기〉는 785일째로 현재 진행형이다.

철학자 마르쿠스 아우렐리우스는 '점 하나로 작게 시작하라. 시작이 일의 절반이다. 그런 다음 나머지 절반을 시작하면 끝나 있을 것이다.' 그리고 '잘하겠다는 목적지를 염두에 두되 짧은 시간이라도 집중하고, 필요한 만큼 작게 시작하는 것이다.'라고 했다. 목적의 기준을 너무 높게 설정하면 시도조차 어려울 수 있기 때문이리라.

취미로 시작한 캘리그라피가 특기가 되어가고 있다. 스티브 잡스는 '창조성이란 서로 다른 것들을 연결하는 것'이라고 했으며, 점 하나에서 애플을 창립할 수 있는 아이디어를 얻었다고 한다. 점 하나의 위력은 참 크다. 작고 가볍게 시작한 캘리가 긍정심리와 어우러져 새로운 영역에서 '울림의 꽃'을 피운 것 같아 뿌듯하다. 점 하나인 시작과 잘게 나눈 자잘한 노력이 없었더라면 이러한 기쁨을 맛볼 수 있었을까? 긍정의 마음과 어우러진 캘리그라피는 매일 아침 민들레 홀씨 되어 향기를 내뿜고 있다.

또 하나의 시작

박설희

    2022년 8월을 마지막으로 2017년에 가졌던 버킷리스트 하나를 완성했다. 그 버킷리스트는 제일 많은 시간을 투자해야 하고 온 열정과 마음을 다해 최선을 다하는 공부, 즉 대학원 입학과 졸업이다. 아직 박사는 수료로 만족하고 학위논문 준비 중이지만 졸업을 위해 조금씩 여유롭게 하루를 시작하며 즐겁게 보내고 있다. 그러나 이게 어찌 된 일인지 또 다른 시작을 위한 메시지를 받고 있지 않은가? 바로 골프 초보 탈출이다. 대학원 박사 수료와 임미정 작가님 권유로 긍정 확언 필사를 시작할 무렵이었던 것으로 기억된다. 그렇게 배우기 싫어하며 지인들의 권유에도 불구하고 선뜻 마음 먹지 못했던 골프를 드디어 시작하게 되었다.

역시 머리는 나쁘지 않지만 몸이 말을 안 들어 준다. 프로님의 수업을 받으면서 기본 자세부터 공 치는 자세 등을 배워나가기 시작하였다. 이게 어찌 된 일인지 몸과 마음이 따로 논다. 스크린 속 화면에 비친 나의 모습에 깜짝 놀라고 말았다. 어정쩡한 자세며 구부정한 어깨에 손동작까지 모두 다 마음에 들지 않았다. 그래도 한번 해보겠다는 다짐으로 시간을 내어 배우고 있기는 하나 자신감 상실은 물론 나 자신에게 대한 실망감마저 가지게 되었다.

　그러던 중 긍정 확언 필사의 힘인가? '인생은 당신을 사랑한다.'라는 메시지로 나의 본래 모습을 긍정의 힘으로 바꿔나가고 있다는 생각이 들었다. 있는 그대로의 나 자신을 사랑하고, 어디를 가든 반짝이며 빛이 난다는 구절의 힘, 아! 역시 마음가짐이 중요한 것이구나! 세상을 어떻게 바라보는가에 따라 인생이 결정된다는 말에 공감 백배이다. 나의 인생은 나를 지지하고 사랑한다.

　첫 발을 떼어놓는 첫 순간을 의미하는 시작. 무슨 일이든지 처음을 장식하는, 경쾌하고 활발한 의미를 담고 있는 단어인, '시작'이라는 말을 의미를 다시 한번 곱씹어 보게 된다. 어쨌든 시작한 것과 그렇지 않은 것의 차이는 분명히 있을 것이다. 그렇게 얻은 수많은 경험들이 나의 인생에 영향을 주고 있기 때문이다.

〈네 갈래 길〉이라는 글이 있다. 네 갈래 길은 아주 철학적인 오후의 열세 가지 이야기 중 하나이다.

산속에서 자란 어느 여자아이가 처녀가 되어서 바다를 보러 가겠다고 다짐하며 길을 떠났다. 바다를 보기 위해 길을 떠난 처녀는 익숙한 길을 지나쳐 마주한 네 갈래 길 앞에서 어디로 가야 바다를 볼 수 있을지 몰라 그 자리에서 멈춰서 버렸다. 그녀는 그 자리에 계속 멈추어 있었고, 어느새 나이를 먹어 노파가 되어버렸다. 체념한 그녀는 주변의 높은 산꼭대기에 올라갔다. 그리고 알게 된 진실. 결국 네 갈래 길 모두가 바다를 향하고 있었던 것이다. 만약 이 처녀가 네 갈래 길 중 어느 하나를 선택해 끝까지 갔더라면 결국 바다를 만났을 것이다.

이 글에서 느낄 수 있듯이 인생을 올바르게 만들어 가는 가장 좋은 방법은 내 생각과 행동을 믿고 앞으로 나아가는 것이다. 진정한 시작의 의미는 결국 그것의 끝을 보는 데 있다. 시작이 있으면 분명 끝은 있다. 나의 시작은 초보 골퍼이며, 그 끝은 프로 골퍼가 되는 것이다. 또 다른 시작은 긍정 확언 필사 중 가졌던 마음을 책으로 엮어내는 것이다. 또 그다음 시작은 수료생이며, 끝은 졸업생이 되는 것이다.

　이제 10년 뒤의 나의 모습을 생각해 보며 꿈을 꾼다. 꿈을 꾸는 것은 내 마음이다. 하지만 꿈을 꾸면 모든 이들을 행복하게 만들어 준다. 이처럼 시작이 있기에 난 열심히 하루하루를 꿈을 향해 달려가고 있다.

시작한 나의 인생 반쪽

배정숙

얼마 전, 가을 하늘을 만끽하며 친구들과 지리산 칠선계곡을 찾았다. 푸른 하늘을 가슴 깊이 품고 싶어 연신 카메라 셔터를 누르고 또 눌렀다. 찰칵, 찰칵. 사진 속에는 청명한 하늘과 흰 구름이 가득 담겼다. 나는 들뜬 마음을 감추지 못한 채 친구들에게도 연신 하늘을 올려다 보라며 호들갑을 떨었다. 1박 2일의 여행이었지만, 모처럼 지친 나를 위로하고 다시 힘과 희망을 주는 귀한 여정이었다. 열심히 살아가는 나 자신에게 주는 작은 보상이기도 했다.

이제는 어떤 일을 마주할 때마다 의미를 부여하고 곱씹는 습관이 생겼다. 하루하루를 소중하게, 뜻깊게 살아가자는 것이 나의 생활 신조다. 그러나 돌아보면 과연 매일을 그렇게 충실히 살았을까 하는 의문도 남는다. 그러던 중, '두드림 동료'들과 함께 하루 한 장씩 긍정 확언을 필사하기 시작했다. 처음에는 '내가 과연 끝까지 해낼 수 있을까?' 하는 두려움과 설렘이 공존했다. 하지만 어느새 88일 차를 맞이한 지금, 나는 자신감이 넘쳐 흐르고 있다. 일상의 근심과 걱정이 절반쯤 줄어든 듯하고, 필사집은 나를 위로해 주는 고마운 친구이자 인생의 소중한 자산이 되었다. 365일이 지나고 나면, 이 책은 내 삶의 빛나는 보물이 되어 있을 것이다.

"시작은 반이다." 익숙한 이 말은 나에게 늘 용기를 준다. 새로운 시작은 언제나 설레면서도 두렵다. 그러나 나는 알게 되었다. 시간에 쫓기듯 살아가는 사람이 아니라, 시간을 내가 직접 설계하고 다스릴 때 진정한 삶의 주인이 될 수 있다는 것을. 그래서 나는 더 이상 핑계를 대지 않으려 한다. 어떤 이유로도 나의 꿈을 미루지 않고, 나 스스로를 응원하며 전진하려 한다.

필사의 여정은 나에게 긍정의 힘을 키워 주었다. 1일 차는 "인생의 모든 순간이 새로운 시작점입니다."라는 문구로 시작되었다. 이 글귀는 내 마음속에 큰 울림을 주었다. 인생은 고정되어 있지 않고, 매 순간 변화하며 새로움을 만들어 간다. 과거에 얽매이지 않고, 지금 이 순간에 충실할 때 비로소 나 자신을 사랑하는 힘이 자라난다. 그렇게 내면의 힘을 키우며 세상과 더 깊게 소통할 수 있다.

7일 차 필사에서는 "인생은 너무나 단순해서 우리가 준 것을 그대로 돌려준다."라는 구절을 만났다. 그 문장을 읽는 순간, 2018년 10월 웰다잉 교육에서 느꼈던 감정이 떠올랐다. '인생은 내가 살아온 그대로 돌아온다'는 사실. 그때 나는 강하게 다짐했다. 지금부터라도 야무지고 후회 없는 삶을 살아야겠다고. 웰다잉(Well-dying)은 잘 죽는 것이 아니라, 잘 사는 것에서 비롯된다는 사실을 새삼 깨달았다.

그 이후로 나는 나를 단단히 붙잡고 다짐했다. 건강하게 오래 살자. 죽을 때 후회하지 않도록 살자. 어떻게 사느냐가 결국 가장 중요하다. "빈손으로 태어나 빈손으로 돌아간다."는 말처럼, 무엇을 남기느냐가 아니라 어떻게 살아냈느냐가 인생의 가치를 말해준다. 그래서 나는 나의 이름 석 자를 자랑스럽게 남기고 싶다.

그 길 위에서 나는 기도의 힘에도 큰 위로를 받았다. 스님에게 받은 '금강반야바라밀경' 사경을 하며 마음을 다잡았고, 두드림 방에서 시작한 루이스 헤이의 긍정 확언은 내 삶에 커다란 변화를 주었다. 필사와 기도는 나를 반성하게 하고, 다짐하게 하고, 나 자신을 더 깊이 사랑하게 했다.

그 덕분에 어려움에 부딪혔을 때도 스스로 극복할 수 있는 힘이 생겼다. '나는 잘 살아왔다'고, 그리고 '앞으로도 잘 살아갈 것'이라고 스스로를 격려할 수 있게 된 것이다. 만약 누군가 나에게 "당신은 얼마나 잘 살았습니까?"라고 묻는다면, 나는 자신 있게 대답할 수 있다. 나의 인생은 여전히 진행 중이며, 후회 없는 삶을 향해 걸어가고 있다고.

이번 지리산 여행은 단순한 휴식이 아니라, 내 인생의 새로운 출발점 같은 쉼표였다. 쉼은 멈춤이 아니라, 다시 달려가기 위한 준비다. 나는 이 시간을 통해 다시 다짐했다. 잘 살아가자. 나의 인생 반쪽을 후회 없이 완성하자.

사랑하자.

그리고 아름답게 살아내자.

시작한 나의 인생 반쪽을, 나답게 채워 가며 나의 인생을 완성해 나가고 싶다.

가랑비에 옷 젖듯이

신 시 옥

　지난 여름 폭염 속에서 애타게 기다리던 가을이 어김없이 찾아왔다. 열대야로 잠을 설치던 것이 엊그제 같은데 어느새 아침저녁으로 제법 선선해져 이불을 덮게 된다. 가을이 시작되면서 마음이 분주해지고 설렘이 가득하다.
　추석 명절이 다가오고 우리 어린이집의 학기가 새롭게 시작되었기 때문이다. 또 긍정 확언에 관련된 글쓰기를 시작하였다. 지난해 《행복 너머의 플로리시》 공저 책을 출간하고 다시 찾아온 기회다. 감사한 마음과 함께 과연 잘할 수 있을까? 걱정도 된다. 글 쓰는 재주가 없지만 '무식하면 용감하다'고 긍정 에너지를 발산하며 용기를 내 도전해 본다.
　시작이 반이다. 예전에 나는 무언가를 시작하는 것이 힘들었다. 잘할 자신이 없어 아예 시작도 하기 전에 포기한 일이 많았으니 말이다. 긍정 확언 필사한 지 100일이 넘어섰다. 가랑비에 옷 젖듯이 긍정 정서가 조금씩 내 마음에 스며드는 걸 느낀다.

나는 지금까지 나보다 남을 먼저 생각해야 마음이 편했다. 그러다 보니 주변인들의 부탁을 웬만하면 다 들어 주게 되고 때로는 거절할 걸 하며 후회한 적도 있다. 이런 나의 정서는 어디서 왔을까? 자라면서 유교적인 아버지는 나에게 "남이 흉보지 않게 바르게 살아라."는 말씀을 자주 하셨다. 그래서 남을 지나치게 의식하며 살아온 것 같다.

이제 이런 나를 알아차렸으니 '나 자신을 사랑하고 인정한다. 나는 사랑스러운 사람이고 인생은 나를 사랑한다'라는 긍정 확언으로 나를 다독인다.

애착 이론에서는 엄마의 부정 정서가 아이에게 그대로 대물림 된다고 한다.

11년 동안 떨어져 지내던 딸하고 함께 산 지 1년이 넘었다. 딸을 가까이서 보며 엄마가 잘 못 물려준 것 중 남을 의식하는 '체면문화'를 반성하게 된다.

딸은 간호사로 대학병원 중환자실에서 7년 동안 3교대의 일을 치열하게 하다 보니 자기 몸을 돌볼 여유가 없어 건강에 적

신호가 켜졌다. 항상 병원 일이 우선이고 환자들에게 마음을 다하여 신경을 쓰는 딸이 안쓰러웠다. 자신보다 타인을 생각하는 딸을 보며 아무래도 엄마의 모습을 보며 내면화된 건 아닐까 하는 생각이 든다. 지금은 내 곁에서 마음이 안정되니 식이요법과 운동으로 1년 만에 몸도 마음도 정상으로 돌아왔다. "자신을 사랑하고 인정하렴! 너는 정말로 사랑스럽다."라고 딸에게 말해주었다.

딸은 기간제 보건교사를 하고 있다. 3교대로 불규칙하게 일하는 간호사보다 아이들과 함께해 보니 교사가 더 적성에 맞는다며 임용 공부를 시작했다. 밤 10시까지 도서관에서 공부하는 딸이 대견스럽다. 시간 아낀다고 도시락을 싸간다. 학교 다닐 때 소풍날만 싸주던 도시락을 요즘 매일 싸준다. 유부초밥, 멸치볶음, 장조림, 비엔나소시지, 오이피클 등 밑반찬을 만들고 과일을 챙기면서 엄마의 역할을 할 수 있어 소소한 행복을 느낀다.

다시 시작하는 딸을 응원하는 나의 마음은 보랏빛 라벤더꽃의 향기처럼 은은한 사랑과 새벽빛 희망으로 부풀어 오른다.

불우한 환경에서 자랐지만, 난관을 극복하고 오히려 긍정 확언으로 전 세계 많은 사람에게 긍정의 힘을 실어 준 루이스 헤이의 삶은 위대하다. 긍정 확언 1일 차 '인생의 모든 순간이 새로운 시작점이다.'라는 머리글이 쿵! 큰 울림으로 다가왔다.

그렇다. 나에게 주어지는 매일 매 순간이 새로운 시작점이자 선물이라는 통찰이 일어나니 마음에서 감사가 출렁거린다.

총천연색으로 물들어 가고 있는 아름다운 결실의 계절 가을처럼 알알이 영글어가기 위해서 새로운 시작점을 선과 원으로 이어가 보리라.

'혹'과 '훅' 사이

신혜정

일 년 전까지의 나는 지속해서 무언가 오래 해본 일이 일생에 한 번 있다. 스노우 폭스 그룹의 김승우 회장님이 추천한 자신의 목표를 100일 동안 쓰는 것이다. 100일 동안 100번을 쓰다 보면 그 목표가 이루어진다고 했다. 중간에 빠지지 않고 꾸준히 써야 한다는 것을 다 쓴 후에야 알게 되었다. 꾸준히 100일을 쓰지는 못하고, 쉬는 날은 있었지만 한 가지 일을 100번 했던 힘은 남아있다.

처음 썼던 목표와 마지막의 목표는 조금 달라졌다. 쓰는 동안 내가 이루고 싶은 게 맞는지 매일매일 성찰하였고, 내가 진정 원하는 목표만 남았다. 일 년이란 시간이 지났지만, 아직도 그 목표는 정확한 문구로 내 가슴 속에 남아있다.

꿈에 날짜를 정하면 목표가 된다. 목표를 정하고 쓰다 보니 이루고 싶은 열망이 더 강해졌고, '어떻게 하면 이루게 될까?' 하며 방법을 생각하게 된다. 아직 이루지 못한 목표이지만, 내가 이룰 거라는 확신은 변함없다.

《긍정확언 마음챙김 일일 필사》도 시작은 '목표 100일 적기와 비슷하겠지'라고 생각했다. 하다 보니 아주 달라졌다. 매일 긍정 문구를 한 번 읽고, 그걸 따라 쓰다 보니 내 삶의 에너지가 많이 올라갔다. 미루고 있던 일들을 하나씩 마무리 지어가는 모습을 보게 되었다.

책 탈고와 함께 강의를 다시 시작했다. 책 탈고는 긍정확언 필사 일주일이 지나고부터 시작해 마무리 지었다. 내가 쓴 책으로 누군가에게 좋은 영향을 주고 싶다는 마음이 강하게 들었다. 강의를 다시 시작해고자 마음만 먹고, 아직 행동하지 않고 있던 나인데, 다시 시작하고 싶다는 의사를 표현하니 지인이 자원봉사 자리를 주선해 주었다. 밖으로 나가기를 주저하던 나에게 알맞은 자리였다. 내가 왜 강의하고 싶어 했는지 이유를 찾은 시간이 뜻깊은 시간이었다.

화도 많이 줄었다. 아이의 행동이 늦거나 내 뜻대로 하지 않을 때 화를 내는 경우가 있었는데, 요즘은 아이에게 화를 내는 대신 내 마음에 집중하고 있다. '나는 화를 내지만, 아이는 자기 삶을 선택 중이다'라고 말이다. 아이의 행동을 기다려 주는 여유가 생겼다는 게 더 정확한 표현이겠다.

강의 중 마음챙김 책과 두드림 단체 채팅방의 사진을 보여 준 적이 있다. 그곳에 있던 분들이 모두 관심을 보이고 책의 제목을 궁금해 해 알려주었다. 책을 사서 마음챙김을 할지는 그분들의 선택이지만, 그분들이 궁금해하고 관심을 가지는 것은 내 에너지 레벨이 높아서라고 생각한다. 나뿐만 아니라 주변에 좋은 영향을 주어 뿌듯한 마음을 가지게 되었다.

마음 챙김을 처음 알게 해준 임미정 작가님에게 감사하다. 임미정 작가님이 매일 캘리그라피 글씨와 좋은 글귀를 채팅방에 올려 주었을 때 호기심이 일었다. '저건 어디서 알게 되었을까?', '어떻게 하면 되는 걸까?' 하고 궁금해 했는데 작가님께서 친절하게 책 제목을 알려 주셨다. 그날 바로 책을 주문하고 필사를 시작하였다. 여행 갔을 때 책을 놓고 가서 필사하지 못한 날을 빼고는 거의 매일 책을 읽고 글을 따라 썼다. 필사를 깜박한 날에는 밤에 자다 일어나 한 적도 있다. 그만큼 나에게 많은 영향을 주고 있다.

호기심으로 시작해 충만함을 이어가는 긍정 확언 필사이다.

이걸 알려준 임미정 작가님처럼 좋은 건 사람들과 나누고 싶은 건 나도 같은 마음이다. 긍정확언 일일필사를 시작해 보자. 나처럼 '혹' 해서 시작했다가 '훅' 하고 빠져들 것이다.

시작이라는 두려움과 기대감

오정욱

진한 먹구름 사이로 새벽이 동터온다.

2022년 제11호 태풍 힌남노가 예상되는 주말 새벽이다. 태풍이 이 한반도 남쪽을 얼마나 강타할는지, 공습경보 앞에 선 우리네 일상은 긴장과 두려움으로 시작된다.

친정 엄마의 안부가 더욱 더 걱정되는 아침이다. 엄마는 현재 천근만근 삶의 무게만큼 몸이 무겁고, 거동이 용이하지 못한 상황이다. 이뇨제로 비롯된 잦은 소변 처리가 걱정되었고, 밤새 불편함이 없이 잘 주무셨는지 궁금했다.

엄마 얼굴에서 엉겅퀴처럼 억센 풀들이 피부를 훑고 지나간 듯 인생의 깊은 주름을 보았다. 늘 자식 사랑과 걱정이 전부인 분! 이제 남은 당신 자신의 육체가 자식에게 짐이 되지 않으려 애써 아픔을 숨기신다.

"괜찮다. 괜찮다. 오늘은 좀 더 낫다."

걱정스러운 딸의 안부 전화에 더 카랑카랑한 목소리로 응대하는 친정엄마의 마음 씀씀이가 창밖의 세찬 바람 소리와 함께 싸한 아침을 맞이하게 한다.

오늘도 친정엄마의 숨길이 답답하지 않게 또한 가벼운 걸음 내딛을 수 있는 하루를 응원한다.

긍정필사 81일차이다. 우리는 태어나는 순간부터 많은 문을 거치며 시작을, 처음이라는 것을 경험한다.

"으~앙!" 소리와 함께 탄생을 맞이하는 것은 세상에 대한 두려움으로부터 자신을 보호하기 위한 본능적인 표현이 아닐까? 우리는 부족함 속에서 태어나 온전함을 채우기 위해, 또 풍요로운 삶을 영위하기 위하여 끊임없이 질주하는 경주마가 된다.

시작은 늘 부족함을 채우기 위한 도전이자 모험이며, 두려움을 안고 내딛는 첫 걸음이다. 그 두려움을 극복하지 못하면 원하는 결과물을 얻을 수 없으며 성취감에 의한 환희도 얻을 수 없다. 수많은 선택이 순간 앞에서, 기회의 문은 자신 스스로가 열어야 한다. 그래야만 마지막 행성 위에 깃발을 꽂을 수 있으리라.

 초등학교 입학 때를 더듬어 본다. 왼쪽 가슴에 이름표마냥 옷핀으로 얽어맨 손수건을 달고 다소 쌀쌀한 춘삼월에 언니가 입던 발목까지 오던 긴 코트를 입고 긴장감과 두려움 속에 운동장 한가운데서 첫 입학식을 치렀던 기억을…. 우리 어린이집 0세반 아이들 가슴에 손수건을 달아서 콧물닦이로 사용하게 하는데, 선생님들은 웃기도 하지만 그 옛날 향수에 젖기도 한다.

 엄마 품을 떠나 난생 처음으로 교실에 들어섰을 때가 생각난다. 그때의 나처럼 어린이집에 처음 들어온 아이들도 낯섦과 두려움에 떨고 있지 않을까. 처음 부모 곁을 떠나서 또 다른 타인과의 만남으로 이어지는 과정에서 아이들의 분리불안을 최소화하고 안정애착 형성을 위해 부모와 선생님은 고군분투한다. 우리는 늘 부모님들께 "잘할 수 있어요."라며 긍정 에너지를 부여한다. 걱정과 불안 속에서도 인내하고 기다려 주다 보면 어느새 우리 아이들은 또래 아이들과의 사회관계 속에서 자아를 성장시키며 작은 인격체로서 성장을 맛본다. 그런 모습 속에서 우리 부모님들은 안도하며 아이의 성장에 뿌듯함을 느낀다.

 관계와 관계 속에 많은 것들을 느끼고 경험하며 살아야 하기에 또 오늘 하루를 시작한다. 두려움을 가지고 시작하는 하루는 계속되는 삶의 연속이며, 삶은 망설임 속에서도 다시 문을 열어야 하는 반복되는 일상인 것이다.

그러하다. 시작은, 늘 두려움과 망설임 속에 한 줄기 기대감을 가지고 있다. 잘할 수 있을까 하는 두려움이 앞서지만 문을 열지 않으면 그 결과는 알지 못하는 것이다.

긍정은 두려움을 완화시키는 도구다. 긍정 에너지는 자신을 단단하고 강하게 끌어올리는 밧줄이다. 긍정이라는 믿음은 지금도 나에게 계속된다.

끝은 또 다른 시작

함말순

　시작의 출발선에 있다. 또 다른 시작을 해야 하나 싶어 망설여진다, 내 나이 5학년 8반 주위에서는 이제 쉬어야 하지 않냐고 한다. 하지만 마음 한편에는 부족한 '뭔가'가 자리잡고 있다. 이제 긍정 확언 필사와 함께 '뭔가' 찾아보기를 시작해 본다.

　긍정 확언 필사를 시작하기 위해 '서문'을 읽었다. '이 책에 대하여'를 읽는 중 루이스 헤이의 열 가지 가르침 목록 중 '첫 번째 미러워크: 거울을 보라'를 읽는 순간, 내가 어릴 적부터 지금까지도 해오고 있는 일이라는 것을 깨달았다.

　나는 7남매 중 막내로 태어나 부유하지는 않았지만 부모님의 사랑을 많이 받으며 말괄량이로 자랐다. 중학교 2학년 때 한 겨울이 지나고 따뜻한 봄이 오려고 기지개를 켤 무렵 학교 수업

중에 교실 복도에서 선생님이 나를 부르신다. "지금 집에 빨리 가 보라."고 하신 걸로 기억한다. 엄마가 위독하시단다. 아침에만 해도 건강하셨는데…. 괜찮을 것이라 생각했다.

내가 다니던 중학교는 경북 포항시 신광면에 위치했는데, 집에서 5리(1,960m)나 떨어져 있어 매일같이 걸어서 다녔다. 그날따라 그 5리가 얼마나 멀게 느껴졌는지 모른다. 평소에는 친구들과 재잘재잘 노래 부르며 숨바꼭질 하며 장난치며 다니던 길이었는데…. 집에 도착하니 방에는 엄마가 누워 있었고 막내 오빠는 울고 있었, 그 뒤로는 생각이 나질 않는다. 너무도 강한 충격에 스스로 기억에서 지워버렸는지 생각이 나질 않는다. 그 뒤로 아버지와 둘이서 지냈다. 어느 날 아버지는 나에게 큰오빠 집에 가서 살지 않겠냐고 물었다. 어린 마음에 바로 "네!" 하고 답했다. 그리고는 전학 간다고 좋다고 친구들에게 자랑을 해댔다. 큰오빠 집은 울진 가기 전 평해읍에 있었다. 큰오빠는 그 당시 과자 도매업과 샤니 제과 대리점을 하고 있었고, 나는 조카들이랑 같이 자랐다.

중학교를 졸업한 후 고등학교에 입학하려고 할 때쯤 또 한 번의 아픔을 겪었다. 아버지마저 돌아가신 것이다. 밤새 잘 주무셨는데 아침에 일어나시자 못하셨다고 한다. 아버지에 대한 기억은 별로 나질 않는다. 지금 생각해 보면 아버지와 어머니의 나이 차이가 아홉 살이나 났기에, 항상 할아버지처럼 느꼈던 것 같다. 어린 마음에 부끄럽다고 생각했던 적도 있다. 이렇게 아버지마저 돌아가시면서 다시 한번 내 기억의 일부분이 지워져버렸다.

설상가상으로 오빠가 운영하던 사업도 부도가 나면서 나는 조카들과 함께 대구로 전학하게 되었다. 시골에서 큰 도시인 대구로 전학하니 나름 기쁜 마음도 들어 열심히 공부해야 겠다고 생각했다. 하지만 도시 생활은 만만치 않았다. 어느 날 거울을 보는데 내 얼굴에는 웃음기가 사라져 있었다. 그나마 웃는 모습이 예쁘다고 했는데 거울 속에 비친 내 얼굴에는 일말의 희망도 없어 보였다. 이때부터 거울을 볼 때마다 일부러 웃는 표정을 지으며 거울 속의 내게 말했다.

"네가 잘해야 부모님 욕 안 먹는다. 오빠, 올케언니 욕 안 먹는다."

입 꼬리를 올리며 웃는 표정을 지어 본다. 그 후로 언젠가부터인가 예쁘다는 말을 들었다. 특별히 남들보다 예쁘지도 않은데 왜 예쁘다고 하는지 생각해 보았다. 거울을 보면서 웃는 모습을 연습해서일까?

사람들은 나를 부를 때 수식어를 붙여 불렀다. "예쁜 원장님!" 뭐가 예쁜가 물어 보니, 얼굴의 이목구비가 예쁜 게 아니라 전체적으로 보았을 때 '그냥 예쁘다'고 한다. 그리고 웃는 모습이 참 예쁘다고 한다. 지금까지 이런 이야기를 글로 써 본 적은 없다. 이제부터 하나하나씩 내 이야기를 해보고 싶다. 긍정 확언을 통해 인생의 허리에서 또 다른 시작(時作)을 해 본다.

Chapter 02

선택

인생은 선택의 연속이다. 출생부터 죽음에 이르기까지 선택의 연속이다. 당장 어떤 음식을 먹고, 어떤 옷을 입을지 간단한 선택부터 진로, 직업, 배우자 등 중요한 선택의 순간에 자신이 직접 결정해야 한다. 이제부터라도 함께 공존하는 아름답고 가치 있는 세상을 만들어 나가는 방향으로 선택의 폭을 넓히면 좋겠다.

계층 이동의 사다리

임 미 정

중학교 문은 열렸지만 내 발은 그 문턱에 가 닿지 못했다. 지금의 초등학교인 국민학교를 졸업하고 친한 친구들 모두 중학교에 입학했다. 나는 형편이 어려워 학교에 가지 못했다. 그 무렵 지금은 먼 나라에 계신 엄마가 나에게 물으셨다.

"미정아, 너 수양딸로 갈래? 그 집에 가면 너 하고 싶은 만큼 공부를 시켜준단다."

누가 요구했는지 정확하게 기억나지 않지만 "수양딸로 갈래?" 물으셨던 얘기만큼은 50년이 지난 지금도 또렷하다. 초등학교를 갓 졸업할 즈음이니 지금 생각하면 철이 들지 않았을 터인데도, 곧바로 "엄마, 공부 안 해도 좋으니 난 안 갈래" 하고 대답했다. 그때는 잘 몰랐지만 내가 부모가 되고 보니 엄마의 말씀은 참 가슴 아픈 얘기다. 우등상을 받아오곤 했던 딸을 중학교에 보내지 못한 엄마의 안타까운 마음이 고스란히 담긴 한마디였다.

가난한 농가의 7남매로 태어난 나는 위로는 다섯째, 딸로서는 성격이 둥글어 이름도 묻지 않고 며느리로 데려간다는 셋째 딸이다. 아무리 자식이 많다고 남의 집 수양딸로 보내고 싶은 부모는 이 세상에 아무도 없을 것이다. 특별한 사정이 있을 때만 나올법한 얘기를 엄마는 나에게 말씀하셨던 것이다.

딸에게 '어떻게 하면 공부할 기회를 만들어 줄까?' 하고 고민했을 엄마처럼, 당시의 나는 '어찌하면 공부를 계속할 수 있을까?' 하고 생각했다. "나는 할 수 있어." "잘 해낼 거야." 하며 잘되리라는 긍정의 믿음으로 다짐했다. 공부에 대한 열망은 컸으나 그렇다고 도움을 주지 못하시는 부모님을 원망하거나 불평하지 않았다. 친구들이 중학교에 갈 때 나는 집에서 놀거나 부모님 심부름을 하며 지냈다. 늦은 봄쯤 동네 이장님께서 학습의 길로 나를 안내했다. 정식 중학교는 아니지만 '공부할 수 있겠다'라는 생각에 대안 학교인 모양고등공민학교를 선택했다. 흡족하지는 않았으나 나의 성장에 사다리가 되어 준 소중한 기초과정이었다.

공민학교에 다니다 중학교 2학년 말 즈음 고창여중에 편입했다. 친구들의 등하교 모습을 먼발치서 바라보곤 했는데, 학교에 같이 다닐 수 있어 얼마나 기뻤는지 모른다. 봄방학이 끝날 날을 손꼽아 기다렸다. 3월이 되어 정규 과정의 새 학기가 시작되었다. 3학년에 다녔던 1년 동안 너무도 행복했다. 그러나 이것도 잠깐뿐이었다. 고등학교에 진학하지 못한 나는 도로 초등학교 졸업 후 집에서 보냈던 그 처지가 되었다. 두 살 터울로 동생 둘이 있으니 고등학교에 진학하겠다고 우길 수도 없었다.

내 꿈은 친구들처럼 공부해서 교사가 되는 것이었다. 난 그 꿈을 이루기 위해 고민했으며, 방황의 시간도 가졌다. 내 나이 16세 되던 해인 중학교 3학년 때 담임 선생님과 교감 선생님의 추천으로 전주에 있는 소규모 개인병원에서 근무를 시작했다. 그곳에서 주경야독하며 꿈을 펼치고 싶었으나 공부를 열망했던 내게는 공부할 기회조차 주어지지 않았다.

간호조무사 자격을 취득한 후 꿈을 이루고자 공주에 있는 병원으로 직장을 옮겼다. 상급학교인 고등학교에 진학하기 위한 나의 선택이었다. 병원에 근무하며 대전여고 부설 방송통신고등학교와 공주전문대(현 공주문화대학) 유아교육과를 졸업했다. 이어서 한국방송통신대학교 3학년에 편입했다. 나의 이십대는 학업을 이어가기 위한 몸부림의 연속이었다.

결혼 후 임신, 출산, 육아의 과정을 거치면서도 어렵사리 한국방송통신대학교에 다니며 학사과정을 마쳤다. 학습의 욕구는 여기서 멈추지 않았다. 1993년 3월에 어린이집 원장이 되었다. 어린이집이 안정되자 야간에 대학원에 다녔다. 이후 사회복지 석사학위와 교육학 박사학위를 받았다. 수년 동안 문성대학교, 가야대학교, 창원대학교의 외래교수가 되어 후진 양성을 하며, 보육교직원 직무교육 강사활동을 했다.

"인생을 발전시키는 것은 그가 하는 일이 아니라 그가 하고자 하는 일이다."라고 영국 빅토리아 조를 대표하는 시인인 로버트 브라우닝이 말했다.

"이 상황에 어떻게 해?", "이 나이에 뭘 해." 하며 갈등의 순간도 있었다. 하지만 배우고자 하는 의지가 강해 학습의 끈을 놓지 않았다. '진인사대천명'이라는 좌우명을 가슴에 안고, 꿈을 이루기 위해 노력했던 시간만큼 나의 꿈 나무에는 긍정의 열매가 주렁주렁 맺혔다. 지속적인 '배움의 길' 선택은 나의 가치를 높여 주었다. 거듭 '학습의 길'을 선택한 내게 어려움은 있었지만, 그 선택은 가난의 굴레에서 벗어나게 하며, 척박했던 나의 인생을 바꾸어 주었다. 계층 이동의 사다리 역할을 한 것이다.

지금은 인생 여정에서 배운 소중한 경험을 나누며, 내가 원하는 의미 있는 삶을 살고 있다. 매일 아침 만나는 'Do Dream 학습공동체'는 어제의 나를 토대로 오늘의 내가 만든 '온라인 배움터'다. 이곳에서 같이 & 가치를 추구하며 함께 성장하고자 하는 배움의 길은 현재 진행형이다.

막둥이 내 사랑 핑구

 루이스의 열 가지 가르침 목록에 '마음 속의 생각을 선택하라'라는 문장이 있다. 내 마음 속의 생각? 무엇이 있을까? 내가 가진 모든 생각과 내가 하는 말 모든 말은 확언이 된다고 하였다. 확언은 긍정적이거나 부정적이거나 둘 중 하나일 수밖에 없으며, 이때 긍정적인 확언은 긍정적인 경험을 만들고 부정적인 확언은 부정적인 경험을 만든다고 한다.

 생각해 보면 매일 우리는 마음속에서 그날 일들을 결정해야 하기에 계속해서 고민하고 선택해야만 한다. 즉 우리의 삶은 선택으로 가득 차 있다. 아침에 눈을 뜨는 순간부터 저녁에 잠자리 들기 전까지 선택을 강요받는다. 몇 시에 일어날 것인지, 언제 씻을 것인지, 무엇을 먹을 것인지 우리는 선택해야 한다. 물론 일상적인 선택은 늘 하던 대로 하는 경향이 있어 선택인지도 모르는 경우가 있으나 엄밀히 따지자면 이것도 선택이다.

긍정 확언 필사 중 선택이란 우리가 말하고 생각하는 모든 것이 우리 삶의 경험을 단정짓는다고 하였다. 문제는 평소에 우리가 생각하고 말하는 내용 대부분이 부정적이라는 것이다. 나 역시 경험한 내용 중 부정적으로 휩쓸린 경험이 있다. 그렇지만 긍정 확언의 힘으로 극복한 경험담이 있어 이야기하고자 한다.

나는 남편, 그리고 핑구라는 이름으로 부르는 반려견과 함께 생활하고 있다. 핑구는 7살 시츄이며 수컷이다. 그리고 두 귀와 눈은 검은색이고 이마 중앙과 코를 제외한 입 주변은 하얀색 털을 가지고 있다. 전체 몸 색깔도 검은색을 띠고 있고, 네 다리와 꼬리 끝에만 흰색 털을 가지고 있는 사랑스러운 반려동물이다.

2022년 3월 마지막 주 월요일, 갑자기 핑구의 뒷다리에 힘이 들어가지 않는다는 걸 알아차렸다. 처음에는 가족과 함께 음식도 먹고 차도 마시며 TV를 볼 수 있는 탁자에만 올라오지 못하는 것을 보고 관절에 무리가 갔다고 생각하였다. 그래서 산책을 줄이고 관절에 좋은 영양제를 먹이며 지켜보고만 있었다. 하지만 이게 어찌된 일일까? 4월이 되어도 호전되지 않고 뒷다리의 힘이 더 약해지는 게 아닌가. 허겁지겁 부산에 있는 큰 동물

병원으로 달려갔다. 부산까지 갔던 이유는 창원보다 더 큰 도시에 있는 병원이 진료를 더 잘할 것이라는 믿음 때문이었다.

그러나 믿음도 잠시, 원인을 알 수 없기에 정확한 병명도 나오지 않고 약도 처방해주지 않았다. 우리 가족은 걷지 못하는 핑구를 보면서 마음 아파하며 하루하루를 우울한 기분으로 힘겹게 지냈다.

현재 우리 집은 맞벌이 가정에 두 딸아이 모두 분가한 상태라 핑구를 돌봐 줄 사람이 아무도 없다. 핑구는 스스로 밥도 먹을 수 없고 배변판으로 가서 오줌이나 똥도 혼자 해결할 수도 없다. 좋아하는 장난감으로 물고 던지며 이리저리 뛰어다니며 놀 수 없는 핑구이기에 누군가 챙겨주지 않으면 안 될 상황이다. 밥이나 장난감은 한 번씩 시간을 빼서 챙겨 준다지만 오줌이나 똥이 문제였다. 잠시 틈을 내서 집에 오면 오줌과 똥이 배와 다리에 묻어 찝찝했을 텐데도 꼬리를 흔들며 반기는 모습에 나의 마음은 엄청 힘들었다. 핑구의 몸을 씻기면서 어느새 눈물 그리고 콧물까지 흘리며 '미안해'라는 말밖에 할 수 없었다. 그러면서 나는 핑구에게 이야기하고 있었다.

"넌 일어나서 걸어 다닐 수 있어 조금만 견디어 보자."

만약 긍정 확언 필사를 하지 않았다면 이런 생각을 할 수 있었을까? 나의 선택은 최고였다. 그런 긍정의 힘으로 핑구의 병명을 알기 위해 유명한 동물병원이라면 모두 찾아가서 진료를 받았고, 좋다는 음식이 있다면 먹여보았고, 침이나 수중 재활치료를 꾸준히 받게 하였다. 그러던 중 핑구의 병명을 알게 되었고 약도 처방을 받아 먹일 수 있었다. 물론 재활치료도 병에 맞는 것으로 수정했다. 지금 핑구는 약은 계속해서 먹고 있지만 정상적으로 생활하고 있다. 우리 막둥이로 행복하게 가족과 함께 행복한 시간을 보내고 있다.

최근 우리나라도 반려동물 양육 가구가 늘어나고 있을 뿐 아니라 반려인 사이에 육아에 버금갈 정도로 인식도 커지는 상황이다. 이런 이유에서인지 온라인 매체에서 접하는 소식 중에 개나 고양이 같은 반려동물이 질병이나 사고, 노령 등 돌봄이 필요할 경우 연간 5일의 휴가를 보장하는 법안이 추진된다는 기사에 깜짝 놀라기도 했지만 기쁘기도 했다. 더불어민주당 이용선 의원 외 8명이 발의한 내용이다. 하지만 법안 발의 사실이 알려지자 '왜! 비반려인들이 역차별받고 살아나 하냐?'며 역차별 논란이 일어 아쉽게도 발의는 철회되었다.

롯데백화점이 반려동물 사망 시 유급휴가를 제공하는 제도를 시행하는 등 반려동물은 우리 사회에서 이미 가족의 일원처럼 느껴지지만 아직 반려동물을 가족으로 받아들이지 않은 사람도 있다는 것을 인정해야 한다. 그것 역시 누군가의 선택이기에 존중받아야 마땅하기 때문이다.

아이들과 함께 피운 꽃길

배정숙

　가을 햇살이 포근히 내리쬐는 어느 날, 아이들과 함께한 지난 시간들을 떠올려 본다. 아이들과의 하루하루는 때로는 작은 씨앗을 심는 일 같고, 때로는 싹을 틔우는 기다림 같으며, 또 때로는 꽃을 피우는 기쁨과도 닮아있다. 아이들과 지내는 매 순간은 결코 평범하지 않다. 그 속에는 웃음과 눈물, 설렘과 배움이 뒤섞여 있고, 나는 그 안에서 살아 있는 감정을 배우며 매일 성장한다.

　아이들은 늘 제 마음을 숨기지 않는다. 기쁘면 웃고, 서운하면 울며, 궁금하면 질문을 쏟아낸다. 그 솔직함 속에 때로는 웃음이, 때로는 감동이 숨어 있다. 무엇보다 그 맑은 눈빛은 어른이 잊고 지낸 순수함을 되새기게 한다. 나는 그 속에서 '아이들과 함께한다는 것'이야말로 교사로서 누릴 수 있는 가장 큰 선물임을 느낀다.

　처음 교사가 되었을 때 나는 아이들을 어떻게 이끌어야 할지 고민이 많았다. 규칙을 가르치고, 교육 계획을 세우고, 하루를 채워 나가는 일은 쉽지 않았다. 그러나 시간이 흐르며 깨달았다. 아이들을 이끄는 것이 아니라, 그들의 발걸음에 나란히 맞추어 걷는 것이 진정한 동행임을. 아이는 교사의 말보다 교사의 마음을 더 먼저 읽는다. 아이가 주는 작은 손길, 의지하는 눈빛 속에서 나는 매일 다시 배우고 성장한다.

　어느 날 한 아이가 내 손을 꼭 잡으며 말했다.

　"선생님, 선생님은 내 편이지?"

　그 순간 가슴이 뭉클해졌다. '내 편'이라는 그 한마디 속에 아이가 느낀 믿음과 사랑이 고스란히 담겨 있었다. 그 말은 교사로서의 나를 지탱해 주는 힘이 되었고, 다시 한번 아이들에게 어떤 존재가 되어야 하는지 돌아보게 했다.

　아이들과 지내다 보면 매일이 새롭다. 때로는 예기치 못한 상황이 일어나기도 한다. 작은 다툼에 눈물이 터지고, 사소한 일에 웃음이 번진다. 아이들의 장난과 재잘거림 속에서 나는 때로 어린 시절의 나를 떠올린다. 나 역시 그때 사랑과 관심 속에서 자라났고, 그 경험이 오늘의 나를 단단하게 만들었음을 느낀다. 아이들은 어른의 기대와 사랑 속에서 자신감을 배우고, 작은 성취를 통해 세상을 알아간다. 그 과정을 지켜보는 일은 나에게 이루 말할 수 없는 기쁨과 책임감을 동시에 준다.

교사라는 길은 결코 혼자가 아니다. 늘 아이들과 함께, 부모와 함께, 동료 교사와 함께 걷는 길이다. 서로의 마음을 나누고 기대며 만들어 가는 길 위에서, 나는 날마다 '꽃길'을 본다. 그 꽃길은 화려하지 않아도 좋다. 소박하고 따뜻하게, 아이들과 웃음을 나누며 함께 피워가는 꽃길이면 충분하다.

돌아보면 아이들과 함께한 날들이 나의 삶을 더 깊고 풍요롭게 했다. 교사라는 이름으로 만났지만, 사실은 내가 더 많이 배우고 더 크게 성장했다. 아이들이 내게 준 웃음, 작은 손길, 무심한 듯 던진 말 속에 담긴 지혜가 내 마음을 단단하게 세워 주었다. 나는 매일 매일 그들의 성장과 웃음 속에서 나의 삶의 의미를 발견한다.

앞으로도 나는 아이들과 함께 걸으며, 그 길 위에 작은 씨앗을 심고 싶다. 언젠가 아이들이 저마다의 자리에서 꽃을 피울 때, 그 곁에서 바라봐 줄 수 있는 사람이 되고 싶다. 그들이 걷는 길이 힘들고 고단할지라도, 교실에서 함께 웃고 울던 시간들이 그들의 마음속에 희망의 꽃씨로 남기를 바란다.

　아이들과 함께 피운 꽃길은 교사인 나의 자랑이자 감사의 기록이다. 오늘도 나는 아이들과 마주 앉아 새로운 꽃씨를 심는다. 언젠가 그 꽃들이 세상 곳곳에서 피어나, 또 다른 이들의 마음을 따뜻하게 해 줄 날을 꿈꾸며, 나는 이 길을 묵묵히 걸어간다.

　꽃길 위에서 나는 다시 다짐한다. 내 삶의 선택을 존중하며, 아이들과 함께 피운 이 시간들을 평생 소중히 기억하겠다고. 오늘 내가 뿌린 씨앗, 오늘 내가 건넨 따뜻한 말 한마디가 언젠가 아이들에게 꽃이 되어 돌아올 것임을 믿으며, 나는 오늘도 꽃길을 걷는다.

탁월한 선택

신시옥

오늘 57일째 만 보를 걸었다. 연초만 되면 '매일 1시간씩 운동'을 하겠다고 계획을 세운다. 며칠 하다가 바쁘다는 핑계로 건너뛰다 보면 어느새 운동을 게을리하는 내 모습을 보게 된다. 매일 운동하는 사람들은 말한다.

"10년 뒤를 내다보고 운동하세요. 40대에 열심히 운동하면 50대가 건강하고, 50대에 열심히 운동하면 60대가 건강합니다."

이 말에 요즘 매우 공감하고 있다. 매일 1~2시간 정도 만보 걷기를 하고부터 잠을 깊이 자고 삶에 생기가 도니 말이다. 그렇게 안 빠지던 뱃살도 조금씩 줄어들고 종아리 근육도 단단해지고 있어 뿌듯하다. 무엇보다 걸을 때마다 소소한 행복을 느낀다. 내가 걷는 걸 좋아하게 된 계기는 등산에서 비롯되었다.

나는 결혼해서 30대에는 부산에 살았는데, 항구도시라 그런지 유난히 산이 많았다. 내가 살던 아파트 바로 뒤에도 제법 높은 산이 자리하고 있었다. 아들, 딸을 학교에 보내고 나면 곧장 친하게 지내던 이웃 엄마와 함께 뒷산에 올랐다.

봄에는 살짝 눈을 뜨는 담녹색 새싹을 보며 감탄했고, 여름이면 구슬땀을 흘리며 올라가서 그늘에 앉아 수다를 떠는 시간이 좋았다. 형형색색의 단풍이 아름답게 물들고 갈대가 은빛 물결로 출렁이는 가을에는 도시락을 싸서 온 가족이 산으로 소풍을 갔다. 가끔은 산 입구에서 시래깃국을 사 먹었는데, 들깨가루에 된장을 푼 구수한 맛은 지금도 잊을 수가 없다. 겨울에는 나목 사이로 오르던 아련한 추억이 깃든 아름다운 산, 그 이름은 구덕산이다.

그때부터 나는 산을 좋아하게 되었고 부산에 있는 백양산, 금정산, 황령산, 장산 등을 등산했고 백두대간을 종주하는 꿈을 꾸기도 했다.

40대에 남편의 직장을 따라 창원으로 이사 와서도 산 사랑은 이어졌다. 창원은 사방이 산으로 둘러싸여 있다. 정병산, 비음산, 천주산, 불모산, 장복산, 무학산 등 주말마다 남편과 함께 산을 찾았다.

그러다가 늦게 대학원에 들어가고 어린이집을 운영하면서부터는 산을 바라만 볼 뿐 등산도 못하고 운동도 소홀히 하며 50대를 보냈다. 60대에 들어서자 가끔 무릎이 시큰거렸다. 이러다가 다리가 아프게 되면 나의 버킷리스트에 들어 있는 눈 덮인 한라산 등정을 포기해야 할지도 모른다는 생각이 불현듯 들었다. 그래서 한라산을 다녀온 지인들에게 물어보니 아무래도 겨울에 그것도 눈 덮인 한라산 등정은 힘들 뿐만 아니라 내 나이에는 무리라고 말렸다.

고민과 갈등 끝에 '나는 할 수 있다'는 긍정적인 생각으로 바꾸고 과감하게 도전해 보기로 했다.

2년 전 겨울 이십 년 지기 동생 두 명이 선뜻 동행해 주어, 그렇게 꿈꾸던 한라산 등반을 실행했다. 나를 위해 내려준 눈 소식에 맞춰 모든 일정을 예약하고 산행에 필요한 장비를 갖춰 설레는 마음을 안고 출발했다. 가파른 관음사 쪽으로 입산했다. 설경이 너무 아름다워 감탄사를 연발하며 4시간 정도 올라가니 사진에서만 보던 백록담이 펼쳐졌다. 감격이 밀려와 한참을 바라보며 눈에 가득 담고 인증사진을 남겼다. 성판악 쪽으로 하산할 때는 다리가 후들거리고 좀 힘들었지만 무려 8시간 정도를 걷고 또 걸어 결국 목표를 이루었다. 그때의 짜릿한 성취감과 행복감은 플로리시라는 말로만 표현할 수 있으리라.

한라산 등정을 하기도 전에 경험자들의 말만 듣고 포기했더라면 아마 지금도 망설이고 있을 것이다. '루이스 헤이'는 긍정 확언에서 '자기 생각을 살펴보고 원하는 생각을 선택하고 자기에게 효과적인 생각'을 하라고 격려한다.

나는 내가 원하는 생각을 실행했으니 이 글을 쓰고 있는 지금 탁월한 선택을 했다고 나를 칭찬한다.

"참 잘했어! 시옥아! 항상 네가 원하는 생각을 존중하고 실천하렴".

하루 중 행복한 두 순간

신 혜 정

하루 중 두 번째로 행복한 시간은 7살 아이가 어린이집에서 하원하는 시간이다. 아이는 오전에 내 품을 떠나 사회생활을 하고, 4시쯤 나와 다시 만난다. 하루를 잘 보낸 아이는 밝은 모습으로 나에게 날아와 안긴다. 아이 손을 잡고 간식을 사고, 먹으며 이야기를 나누는 시간이 행복하다. 시간과 체력에 여유가 있으면 아이와 조금 먼 곳으로 나들이를 나가기도 한다. 일상을 벗어나 사랑하는 엄마와 함께한다고 아이는 즐거워한다.

이런 경험들이 아이에게 좋은 추억으로 남기를 바라면서, 한편으로는 내가 늙었을 때 추억으로 꺼내 볼 수 있는 소재를 만드는 중이다. 아이만을 위해 이곳저곳을 다닌다고 하면 쉽게 지칠 것이다. 내 추억거리를 저장한다는 마음으로 다니다 보면 아이보다 더 즐거워할 때도 있다. 이제 제법 기억력이 좋아진 아이는 나와 다녔던 곳을 지나면 갔던 곳이라며 기억해 내기도 한다. 이럴 때 엄마로서 보람을 느낀다.

하루 중 가장 행복한 시간은 어린이집 등원 시간이다. 아이는 "엄마, 뭐할까?", "엄마 놀아줘!", "엄마 이거 해!" 등 엄마를 입에 달고 산다. 내가 화장실을 가거나 해서 옆에 없으면 아빠가 있음에도 엄마인 나를 찾는다. 나를 사랑하고 좋아해 주는 건 좋지만, 가끔은 버거울 때가 있다. 아이가 하는 모든 것을 사랑으로만 인내할 수는 없다. 아이가 어린이집에 등원하면 비로소 내 시간을 가질 수 있다. 컴퓨터와 플래너를 챙기고 도서관이나 카페로 향한다. 요즘은 집에서 해도 같은 효율이 나온다. 자료를 정리하거나 책을 읽고, 글을 쓰거나 동영상을 보며 공부한다. 나의 내면을 챙기는 시간을 가진다. 이 시간이 있으면 내 삶에 활력이 생긴다.

또 다른 내면을 챙기기 위해 매일 아침 반복하는 행동이 있다. 침대에서 일어나자마자 전기포트로 물을 끓이고, 화장실로 들어가 볼일을 보고 양치를 한 후 본격적으로 시작한다. 큰 컵에 미지근한 물을 담은 후 책상에 앉아 《하루 한 장 마음챙김 긍정 확언 필사집》을 편다. 필사를 하기 전에 한번 읽어 본다.

읽은 후 나에게 더 크게 와 닿는 부분을 더 읽기도 하고, 내 마음의 어떤 부분을 울렸는지 성찰 시간을 가지기도 한다. 그 후 생각이 정리되면 필사를 시작한다. 필사가 끝이 아니다. 단체 채팅방에 필사 인증 사진과 며칠째 필사하고 있는지 사진을 올린다. 그리고 개인 블로그에 포스팅까지 해야 비로소 마무리된다.

매일매일 무언가 한다는 건 버거운 일이라는 생각도 든다. 내용도 좋고 매일 다른 내용이지만 반복되면 지겨울 거라는 생각도 들었다. 하지만 필사를 한 후부터 부정적인 생각이 많이 줄었다. 긍정의 언어로 현재의 나와 과거의 나, 미래의 나까지 위로해 주고 챙겨 주니 마음이 따뜻해진다. 긍정과 부정 중 하나를 선택하라고 한다면 나는 긍정을 선택한다. 긍정성과 부정성은 전염이 된다고 한다. 이왕 물들게 된다면 긍정을 받아들여 그것을 주변에 퍼트리고 싶다.

나는 엄마다 보니 엄마인 내가 아이에게 주는 영향력을 생각해야 한다. 아이가 매일 한글 공부와 책 읽기를 하듯이 나도 매일 마음 글씨 공부를 한다고 말했다. 저녁을 먹고 한글 공부 워크북을 꺼낼 때면 아이는 나에게 "엄마도 글씨 공부했어?"라고 묻는다. 당당하게 끝냈다고 말하고 플래너를 꺼내 오늘 한 일과 내일 해야 할 일들을 정리한다. 아이는 부모의 뒷모습을 보고 자란다고 한다. 나의 하루하루를 긍정적으로 보내면 아이 또한 그런 사람으로 자라게 되지 않겠느냐고 기대 중이다. 아이가 이런 나의 꼼수를 알아채지 못해야 하는데…. 언젠가는 알게 되겠지만, 그럼에도 아이 덕분에 긍정적으로 변화하는 내가 좋다.

　아이는 어린이집에 보내고, 남편은 출근하고, 나 또한 나의 일을 한 후, 모두가 일과를 마치고 가족이 다시 집에 모인다. 이런 평범한 일상에서 하루를 만족하게 보내니 내일이 기대되고, 현재의 내 삶에 만족할 수 있다. 이것이 바로 긍정확언 필사집을 만난 후의 나의 일상이다. 삶에서 설레는 순간은 여행을 가거나, 맛있는 거 먹을 때만 생기는 것이 아니다. 내 하루하루를 만족하고 살면, 다음 날 아침이 빨리 오길 바라게 된다. 이런 날들이 지속되는 요즘, 나는 매일같이 설레고 행복하다.

　하루, 매 순간을 행복으로 채워 나가려고 노력하는 나는, 나를 위해 긍정확언 필사 집을 선택했고 그 결정에 만족하는 중이다.

선택은 5 대 5 선택은 긍정적 집념

오정욱

해가 지고 나면 몰려오는 어둠이 싫었고 깜깜한 밤이면 마당 한편도 밟기 힘들어 했던 것이 나의 어릴 적 모습이다. 경찰 공무원이셨던 아버지의 야간 순찰행을 문밖까지 배웅하는 엄마를 따라 밖을 나가지도 못하고 빼꼼름 방문 사이로 아버지의 뒷모습만 바라보았던 것이 나의 유년시절이다.

"이야! 너는 커서 남자 친구랑 밤에 데이트는 우찌할 끼고?" 하시며 나의 두려움 많은 성격을 채근했던 엄마였다.

어둠뿐만 아니라 선택과 결정을 할 때 두려움을 느꼈던 나의 학창시절이었지만, 성인이 되면서부터 선택의 기로에서 내면의 두려움을 물리치려고 무진 애썼다. 선택이란 한치 앞을 예측할 수 없는 5 대 5의 상황에서의 결정일 수밖에 없기에 스스로 강한 의지 속에 결정력을 심으려 했었던 것 같다.

　대학 시절은 객지에서 홀로 주경야독의 길을 걸어야 했다. 자신 스스로 해결해야 하는 것도 많았기에 그리 호락호락하지만은 않은 생활의 연속이었다. 외로움 속에서 수많은 타인들과 함께 소용돌이치며 바다로 향해야 하는 시절이었기에 스스로를 강하게 탈바꿈시키지 않으면 안 되었다. 그러기에 일찌감치 어른이 된 듯 의젓해지지 않을 수 없었고 어떤 환경에서도 순응이 빨랐다.

　이후 늦은 나이에 결혼을 하게 되면서 내 인생 제2장의 서막이 올랐다. 첫째 아이가 7살, 둘째가 4살 때 가정 어린이집을 시작하면서 많은 우여곡절을 겪었다. 가족과 함께하는 삶 속에서, 그리고 나의 일에서 선택은 늘 계획적으로 이루어졌고, 머뭇거림은 길지 않았다. 단 한가지 중요하게 생각했던 것은 그 어떤 선택을 할 때에도 "잘 될 것이다." 하고 긍정적인 신념을 가지는 것이었다.

　한 치 앞을 예측할 수 없는 우리네 삶 속에 선택의 기로에 서는 일은 늘 두려움을 자아내지만 실행하지 않으면 그 어떤 결과도 얻을 수 없다는 것을 알고 있기에 가능한 한 고민과 번뇌는 짧게 하고, 선택할 일에는 에너지와 열정을 쏟아 부었다.

나는 20여 년간 가정 어린이집을 운영하면서, 어느 시점이 되면 조금 더 큰 시설에서 아이들의 성장과 발달을 도우며 운영자로서 더 큰 꿈을 펼쳐보고 싶었다. 하지만 여러 가지 환경 요인들이 나의 꿈 실현을 막았다. 어느 순간 더 이상 시간을 놓치면 안 되겠다는 생각이 뇌리를 스쳤다.

존경하는 원장님 한 분, 그리고 좋아하는 원장님 한 분에게 제2의 꿈에 대해 조언을 구했다. 그 결과 찬성과 반대 1 대 1이었으며, 나를 가장 신뢰하는 남편은 크게 반대하였다. 선택해야 하는 순간에 고민이 되었지만, 큰 시설을 운영하고 싶은 욕구가 컸기에 더 이상 주변의 이야기들은 듣고 싶지 않았고 그러기에 빨리 실행에 옮겼다.

무엇인가 선택할 때에는 실행하지 않아도 후회, 실행해서 잘못되어도 후회, 결국 5 대 5의 확률이 아니던가. 그래서 이해타산에 대한 셈보다는 나의 꿈을 향한 길로 빠른 선택을 했고, 그 선택의 순간에도 "잘된다! 잘될 것이다!"라는 신념으로 관철했다.

민간 어린이집을 인수하고는 예상치 못한 질풍노도의 시간을 맞이했다. 예측할 수 없는 미래가 암울하게 다가오고 하나를 해결하고 나면 또 하나가 꼬리를 무는 기러기떼들의 향연인 듯 계속해서 문제가 발생했다.

원아 수는 한 자리 수를 면치 못했고, 주변 원장님들의 아우성이 들려왔다.

"왜 그걸 인수했어? 나한테 물어보고나 하지. 잘되던 가정어린이집에 그냥 있지."

집값이 제일 하락했을 즈음에 가정 어린이집을 매매했고, 단지 하고자 하는 마음 하나로 덤벼들었던 나의 꿈은 시작부터 그 누구에게도 형용할 수 없는 아픔들로 내 가슴에 도끼질을 했다.

저출산과 코로나19, 젊은 층들의 신축아파트 이동 현상들은 나의 의지와 상관없이 현실의 장벽을 느끼게 했다. 때로는 울고 싶기도 했다. 하지만 소리 내어 울지 못했고, 울지 않으려 애썼다. 애초에 가지고 있던 나의 보육 신념이 흔들리지 않도록 무던히 애썼다.

나를 가장 지지했던 내 편에게 아픔을 이야기하고도 싶었지만 참았다. 인내했다. 더 강한 인내와 용기를 자신에게 부여했다. 그것은 나의 선택에 대한 최소한의 책임의식이었다.

"할 수 있다! 해 보자! 3년까지만! 저력과 혼신을 다하여 20여 년 다져온 보육 철학을 뿌리내려 보자."

"꼬리에 꼬리를 무는 어려움이 있었던 첫 1년이 지났다. 또 해결했네! 그래 참 잘했다. 정욱이 할 수 있네!"

스스로에게 주문을 외우듯 외우며 자신을 달랬다. 자라면서도 사회생활에서도 지구력이 강하다는 이야기를 많이 들었다. 그렇다. 2년 정도 나는 오뚜기가 되었고, 지금까지 스스로를 격려하며 자신을 다독이며 오늘을 즐거이 받아들이고 있다.

매일 아침 어린이집에 들어서면서 "오늘도 내게 맡겨진 아이들에게 감동과 행복을 주소서."라고 기도하고, 가장 늦은 시간 퇴근하면서 어린이집 기둥에 대고 절을 하며 간절한 기도를 한다.

"오늘도 감사합니다."

"오늘도 이 아이들이 안전하게 잘 지내게 해주어서 고맙습니다."

오늘도 한 아이를 위해 새벽 6시 50분에 출근길에 오르고 있다. 누구보다도 이른 아침을 달려야 하고 때로는 체력이 고갈될 때도 있다. 하지만 "높이 나는 새가 가장 멀리 본다."는 리처드 바크 《갈매기의 꿈》에 나오는 구절처럼 평범한 일상에 안주하지 않으며 끊임없이 새로운 것을 찾아 탐구하고 인내와 고통의 시간을 견뎌낸다. 그것이 바로 인생이라고 생각한다.

일찍 일어나는 만큼 많은 것을 볼 수 있으며, 높이 나는 새만큼 높이 날아올라 먹이를 찾고, 수직 하강 비행기술을 익혀 목표를 성취해 나가는 것처럼 오늘 하루도 헛되지 않음을 감사히 여긴다.

5 대 5, 해야 할까, 말아야 할까 하는 기로에서 결정한 나의 선택! 일상적인 무의식의 잠에서 깨어나게 해주는 긍정 확언으로, 또한 긍정의 강한 집념으로 현재의 나를 응원하고 있다. 선택은 5 대 5의 고민에서 시작된다. 선택은 긍정적 신념에서 결정된다.

아버님의 선택

함말순

33년 전으로 돌아가 본다. 내 나이 25살, 집에서는 결혼 이야기가 오고가고 있다. 그 당시 직장생활을 하면서, 지금의 남편을 만나고 있었다. 집에서는 결혼하라고, 선을 보라고 한다. 나는 '부모 없는 나를 좋아 할까?' 하는 콤플렉스와 두려움에 가득 차있었다. 그 당시는 부모 없는 며느리는 꺼려 할 시대였으니.

내가 태어나지도 않았을 때 큰언니는 시집을 갔다. 조카가 태어나고 1년 뒤 내가 태어났다. 꼬마 이모라고 불리었다. 얼마 전에 먼 하늘로 가신 큰 형부께서 사업가로 재력있는 사람과 선을 보라고 한다. 겁이 덜컥 났다. 선을 한 번도 본 적 없었는데 어떻게 해야 하나 싶어 당시 사귀고 있던 남편에게 이야기했다.

결국 양가에 사귀고 있다는 이야기를 하고, 상견례 날짜를 잡았다. 시어머니 될 분 께서는 상견례 자리에 나오시지 않겠다고 하신다. 우리 집에서도 부모는 안 계시니 큰오빠만 나갔다. 그때는 왜 시어머니께서 상견례 자리에 나오시지 않은 이유를 몰랐다. 그저 몸이 편찮으셔서 나오시질 않은 줄만 알았다.

　상견례 후 갑자기 결혼 날짜가 잡히고, 결혼이 일사천리로 진행되고 있었다. 남편의 집은 부산이지만 창원에서 새내기 직장생활을 하고 있었고, 나는 부산에 살면서 양산으로 출퇴근하고 있었다. 이처럼 서로가 바쁜 가운데 결혼 준비가 진행되고 부산에서 창원을 오가며 집을 구하기로 했다.

　시댁에서는 방 한 칸 얻을 수 있는 5백만 원을 지원해 주셨다. 나는 부모는 안 계셨지만 오빠가 사업을 하였기에, 남들에 비해 꿇리지 않게 준비를 할 수 있었다. 오빠가 말씀하셨다. "결혼해서 살아보니 예단, 예물 다 필요가 없더라." 오빠는 집을 구하는 데 투자하라고 하셨다. 그래서 남편은 반지와 시계만 하고, 나는 패물을 별도로 하지 않았다. 시댁에서 패물 값이라고 3백만 원을 주셨는데, 나는 이걸 집구하는 데 보탰다.

　집 구하라고 시댁에서 준 5백만 원과 예단비 3백만 원, 나의 퇴직금 및 적금 포함해서 1천3백만 원을 만들어 집을 구하려고 창원 곳곳을 다녔다. 그 당시 창원은 허허 벌판이었다. 아파트라고는 5층짜리 단독아파트, 럭키, 현대 등의 고층아파트 정도만 있었다. 부동산에서 전세 값이면 반송아파트 10평짜리를 살 수 있다고 해서 가 보았는데 너무 좁고 오래된 아파트였다. 선택의 기로에 섰다. 그러다가 새로 지은 주택 2층 안채를 보게 되었는데, 깨끗하고 넓은 집이 눈에 들어와서 2층 안채에 전세로 살기로 결정했다. 자산을 불리기로 생각했으면 살기 좁고 불편하더라도 아파트를 사야 했지만 넓고 편안한 걸 선택했다.

결혼 후 신혼여행 다녀온 후 시댁으로 인사 갔을 당시 큰오빠가 같이 시댁으로 같이 따라오셨다. 딸 시집 보내듯이 말이다. 결혼 후 시이모님댁으로 명절 인사갔을 때 내가 결혼을 아무 문제없이 할 수 있었던 이유를 알게 되었다. 이모님이 말씀하셨다. "너희 시어머니는 며느리 칭찬만 한데이!"

상견례 후 시아버님이 싱글벙글하시면서 바로 결혼시키라고 하셨다고 한다. 아버님의 선택이 나의 인생에서 가장 소중한 길을 열어 주신 것이다. 아버님께서는 고아 며느리에 대한 편견 없이 결혼을 허락해 주셔서 나의 컴플렉스를 잊게 해주셨다.

지금 시아버님은 93세, 25년 동안 한집에서 같이 살고 있다.

남편과는 주말부부로 혼자서 시아버님과 같이 살고 있다. 시아버님은 "너는 내 딸이다."라고 늘 말씀하신다. 아버님 슬하에는 딸이 없고 3형제만 있다. 친정아버지처럼 여기며 살고 있다. 이 글쓰기를 빌어 큰오빠와 큰올케, 중간올케, 작은올케 3명의 올케 언니에게도 감사드린다. 아버님의 선택과 큰오빠와 올케언니들이 없었더라면 어떻게 되었을까?

　시아버님의 선택은 짱!

Chapter 03

사랑

사랑은 부모가 자녀에게 주어야 할 두 가지는 날개와 뿌리다. 붙들어 매지 말고 날아갈 수 있는 꿈을 주고, 자기가 설 수 있게 뿌리내리 수 있는 힘을 줘야 진정한 사랑이다.

사랑을 배우다

임미정

"나는 사랑을 배우기 위해 이 세상에 왔습니다."
루이스 헤이의 멋진 말이다.

긍정 확언 필사 62일 차 되던 날도 하루 한 장 마음 챙김 필사를 마친 후 포스트잇을 꺼냈다. 연분홍색 포스트잇에 캘리그라피로 위 문장을 적어 스마트폰의 포토 스캐너로 사진을 찍어 필사집에 붙였다. 휴대폰 속으로 들어간 멋진 말을 검지손가락으로 터치해 내가 속해 있는 온라인 방에 필사와 함께 붙임했다. 가장 먼저 우리 가족 방에 붙이고 글쓰기 방과 'Do Dream' 방 등 여러 단체 카톡방을 순서대로 클릭했다. 이 글은 하나둘 늘어나 이제는 많은 사람들이 있는 공간 곳곳에 머무른다. 그중 소수일지라도 긍정과 사랑을 느끼고 표현하는 사람들이 생겨나고 있음을 SNS 피드백을 통해 경험한다.

'사랑과 긍정은 동전의 양면과 같다.'라는 생각을 해본다. 사랑은 작은 관심에서부터 시작된다. 긍정적인 사고를 할 때 사랑의 싹이 나고 자라며, 아름다운 꽃을 피운다. 마음 챙김의 글을 SNS의 사랑하는 가족 방에 올리면 따뜻한 이모티콘이 등장한다. 이러한 무언의 소통일지라도 사랑과 긍정의 자양분이 되리라는 믿음을 갖게 한다.

언제부터인가 SNS는 일상 깊숙이 자리해 우리는 개별적이면서도 세계라는 큰 변화의 한가운데 서게 했다. 이러한 흐름에 편승해 온라인 'Do Dream 방'에서 긍정 확언 필사를 함께하는 것처럼 작은 변화를 직접 일으킨다. 작은 것에 서로 관심을 가지며, 사랑하는 마음을 지니게도 한다. 나의 지인이, 주변이, 온 세상이 사랑스럽고 평화롭게 변화하기를 바라면서 말이다.

사랑이란 나 자신을 먼저 사랑하는 것이다. 나 자신을 사랑하는 사람은 오늘을 사랑하며, 사랑스러운 관계를 마음을 열고 받아들인다. 이러한 관계를 만들고 유지하기 위해서는 서로의 노력이 있어야 한다. 사랑이라는 이름으로 하나 되었다가 삶이 화나고, 불편하고, 어렵고, 외롭고, 버겁게 느껴져 헤어지는 경우가 얼마나 많은가. 미세하고 사소한 것에서 시작된 갈등은 급기야 결별하는 상황에까지 이르게 한다.

"나는 사랑을 배우기 위해 이 세상에 왔습니다."

이 문구는 우리 집 아트월 왼쪽 벽의 작은 액자에 새겨져 자리하고 있다. 서툰 캘리 글씨체로 쓴 것이지만 매일 나에게 "사랑을 배우라."고 무언의 말을 건넨다. 아침에 일어나서, 거실에 있을 때, 다른 방을 오갈 때마다 자연스럽게 자주 보게 된다. 바로 보이는 곳에 있어 볼 때마다 사랑 배우기를 자연스럽게 생각하게 한다. 아마 이런 상황이 아니었으면 어제 남편이 한 행동을 보며 나도 화를 내며 기분 상한 말을 했을지도 모른다. 나를 사랑하는 것은 노여움이나 화를 멈추고 기분 좋은 상태를 유지하는 것이다. 화를 내고 나면 자신이 힘들기에 되도록 이러한 상황을 만들지 않는 것이 나를 사랑하는 첫걸음이다.

어제는 친척 결혼식이 있어 남편이 서울에 다녀오며, 검표 완료된 차표를 우리 가족방에 올려놓았다. 창원에 도착해 택시를 타고 집으로 오면 되지만, 남편은 대체로 내가 출타하면 마중을 나온다. 이번에는 내가 마중 나가야 할 상황이라 검표 완료된 표 확인을 반복했다. 오후 5시 10분 출발, 소요시간은 3시간 50분이다. 도착 예정 시간에 앞서 확인 전화를 하니 전화기가 꺼져있다. 몇 번 시도해도 여전히 불통이다. 무작정 기다리기가 쉽지 않은 상황이다. 차가 밀릴 수도 있고, 창원역 앞 버스가 내리는 곳에 차를 정차하기 어려운 상황이 될 수 있어 주변 어디에선가 기다려야 하기 때문이다. 통화가 안 되니 답답했다. 가끔 내가 이런 상황일 때는 남편은 나에게 핀잔할 때가 많았다. 내가 걱정되어 그렇겠지만 관심을 가져주는 데도 별로 고맙게 여겨지지 않았다. 화가 치밀어오를 때도 있었다. 좋은 관계를 유지하려면 '연락할 상황이 못 되었나 보다.' '성격이 꼼꼼해서 더 걱정하는구나.' 하며 순간의 화와 분노를 참고 상대를 배우려는 노력이 필요하다.

사랑은 나와 가족을 화목하게 한다. 가족에게 든든한 자양분을 주며 마음과 정신의 근육을 키워 자존감을 향상시킨다. 사랑은 나를 살리고, 죽어가는 생명을 살리고, 더 나아가 나라를 살린다. 이는 나를 사랑하는 것에서 비롯된다. 루이스 헤이가 말한 것처럼 내 존재의 중심 깊은 곳에는 무한한 사랑의 샘이 있다. 가슴 한가운데 깊숙한 곳을 들여다보며 눈부시게 빛나는 예쁜 색의 작은 점 하나를 찾아보자. 그것이 사랑과 치유 에너지의 중심이 된다. 마음을 활짝 열고 받아들일 때 기쁜 마음으로 사랑을 서로 나눌 수 있으며, 더욱 조화로운 관계를 맺을 수 있다.

나의 사랑 버킷리스트

박설희

너와 함께 하고 싶은 일들을 상상하는 게
요즘 내 일상이 되고
너의 즐거워하는 모습을 보고 있으면
자연스레 따라 웃고 있는 걸
너의 행동에 설레하고 뒤척이다가
지새운 밤이 많아지는데
이건 누가 봐도 사랑일 텐데
종일 함께면 질릴 텐데
나 돌아서도 온통 너인 건
아무래도 사랑인가 봐
점점 너와 하고 싶은 일들을 생각하면서

하룰 보낸 날이 많아지는데
이건 누가 봐도 사랑일 텐데
종일 함께면 질릴 텐데
나 돌아서도 온통 너인 건
아무래도 사랑인가 봐
너의 행복해하는 모습을 보고 있으면
나도 모르게 따라 웃는데
이 정도면 알아줄 만하잖아
너도 용기 낼만 하잖아
나만 이런 게 아니라면
우리 만나볼 만하잖아
아무래도 사랑인가 봐

친구들과의 약속장소로 이동 중 차 안 라디오에서 흘러나와 들었던 멜로망스의 〈사랑인가 봐〉의 가사이다. 왜 그럴까? 음악을 듣고 있으니 진한 감동과 함께 기억 속의 옛 추억이 하나 생각난다. 정확히 말하자면 나의 인생 이야기이다.

2016년 나에겐 처음으로 작성한 버킷리스트가 있었다. 버킷리스트란 평생 한 번쯤 해보고 싶은 일, 혹은 죽기 전에 해야 할 일들을 적은 목록을 의미한다. 그런 의미에서 나에겐 이 버킷리스트는 의미가 담긴 도전이었다. 나의 버킷리스트는 첫째, 나의 사랑하는 가족과 함께 즐거운 여행을 다니며 추억을 쌓는 것이다. 둘째, 나와 소원해졌던 보고 싶었던 친구들을 만나는 것이다. 셋째, 나로 인해 마음 아팠던 사람 그리고 나를 아프게 했던 사람들을 용서하고 사랑하는 것이다. 마지막으로, 나의 버킷리스트는 내가 하고 싶은 모든 일은 꼭 실천으로 한번은 옮겨 보는 것이다.

버킷리스트를 작성한 이유는 쉽게 말하자면 내가 살아온 인생을 다시 돌아보고 싶어서였다. 왜냐하면 암 수술을 두 번이나 경험했던 나를 되새기며 정리할 건 정리하고 용서하고 싶은 건 용서하며 인생을 사랑으로 바꾸고 싶은 커다란 마음 때문이라고 생각된다. 그런 이유로 평생 목표 없이 나를 희생시키며 다른 사람들에게 상처받고 앞만 보고 달려 온 나의 인생에 전환점을 준 계기가 되었다. 그래서 지금은 적었던 버킷리스트를 보며 그걸 실천으로 옮긴 나 자신이 무척 사랑스럽다. 그중에서 마지막 버킷리스트를 실행으로 옮기면서 나를 진짜로 사랑하게 되었다. 그리고 현재도 여전히 나는 나를 사랑하고 있다.

누구나 인생에서 목표들을 가지고 생활하고 있다. 그 목표했던 일들이 결과가 좋을 때도 있지만, 생각한 것과는 다른 방향으로 흘러갈 때도 있다.

목표라는 단어에 작은 딸아이의 꿈이 생각나 살짝 미소가 지어진다. 우리 사랑스러운 막내의 꿈은 초등학교 시절부터 지금까지 '건물주'가 되는 것이다. 막내 아이의 꿈을 알게 되어 걱정되기는 했지만 언젠가는 꿈은 변할 수 있다는 믿음 속에 생각 없이 있었다. 아니 철이 들면 '현실은 그게 아니구나'라는 걸 알 수 있을 거라는 기대감에 마음 놓고 있었다. 하지만 내 생각이 틀렸다는 걸 알게 되었다. 지금도 우리 딸아이의 꿈은 건물주가 되는 것이다. 이 아이의 꿈도 현재 진행 중이니까 말이다. 아이 나름대로 직장생활을 하며 적금과 예금을 넣고 빼고 합치고 하면서 건물주가 되기 위해 인생을 살아가고 있다. 이처럼 건물주가 되려면 정말 많은 돈이 필요할 것이라는 건 어른 모두가 알고 있는 사실이지만 순수하게 자신이 할 수 있을 만큼 헛되게 보내지 않고 조금씩 모아가고 있는 우리 막내 아이가 무척 사랑스럽다.

아마 부모를 보고 아이들은 자라는 것처럼 서로 닮은 구석이 있으므로 사랑스럽다고 느껴질지 모른다. 이제 우리 아이에게 엄마도 버킷리스트를 적으면서 나 자신을 위해 하고 싶었던 학업, 취미활동과 여행, 봉사로 인생을 살아가고 있다고 전해주고 싶다. 그리고 지금은 매일 한 장씩 하는 긍정 확언 필사로 나를 사랑하는 방법과 마음을 알게 되었다고 이야기하고 싶다. 엄마 따라쟁이가 되면 더욱 사랑스러울 것 같다며 용기도 주고 싶다.

지금 나의 버킷리스트는 내가 살아가는 날까지 늘 현재 진행형이 될 것이다. 내가 살아가는 동안 나를 사랑하며 나에게 매일 선물 같은 날들을 주고 싶다. 노랫말에서 나오는 나라는 의미는 오직 설희이니까! 설희야! 우리 끝까지 함께 가자! 사랑해!

영원한 내 편

배정숙

  가을을 재촉하는 비가 내린다. 이 비가 그치면 날은 더 쌀쌀해지겠지.
  연휴를 앞두고 가족들과 함께할 '짧고 좋은 추억 만들기 프로젝트'를 계획했지만, 큰 호응은 얻지 못했다. 그래서 결국, 내 휴대폰 속에 '내 사랑'이라 저장해 둔 영원한 내 편과 함께하기로 마음을 정했다. 내 편이 집에 돌아오기를 기다리며 튼튼이와 함께 식사를 마친 뒤, 마침 들어온 내 편과 간단히 저녁을 먹고 꽃구경을 가자고 했다.
  멀리 떠나진 못하고, 얼마 전 해맑은 사랑둥이들과 다녀온 덕동의 핑크뮬리에 다시 가기로 했다. 차창 밖 풍경을 바라보며 문득 생각했다. 휴대폰에 '내 사랑'이라 저장했던 그때의 마음과 지금의 마음은 얼마나 달라졌을까. 세월만큼 사랑의 농도도 달라지고, 의미 또한 깊어졌음을 느낀다.

요즘 우리는 종종 서로에게 말한다. "많이 변했지? 건강은 스스로 잘 챙겨야 해."

연휴가 있는 날이면 훌훌 떠나고 싶은 마음이 간절하지만, 몸이 따라주지 않을 때도 있다. 그럴 땐 쉼의 가치를 더 깊이 생각하게 된다.

사랑하는 관계도, 모든 인간관계도 그렇다. 처음에는 들어주는 것에서 시작해 차츰 자기 목소리를 내세우게 된다. 그래서 늘 다짐한다. '초심을 잃지 말자. 사랑 없는 세상은 너무 삭막하다.' 눈은 가슴으로 통하는 문이자, 사랑이 깃든 자리이기 때문이다. 나는 언제나 사랑할 줄 아는 사람이기를 소망한다. 사랑이 마음속에 싹트는 순간, 우리는 다시 태어나니까.

올가을과 겨울, 내 편들과 함께 추억을 더 쌓고 싶다.

나의 사랑은 네 해의 연애 끝에, 서른셋에 결실을 맺었다. 그 시절 나는 늦은 나이에 결혼을 한 셈이었고, 친구들은 이미 이십 대 무렵 가정을 꾸리고 있었다.

때때로 결혼을 생각한다. 친구나 지인의 자녀들이 결혼한다는 소식을 들을 때면 축하와 함께, '우리 튼튼이는 언제 좋은 인연을 만날까?' 하고 궁금해진다. 사랑하는 짝을 만나 새롭게 출발하는 모습, 그리고 그들의 아이까지 보고 싶고 기다려진다. 요즘 세상은 결혼하지 않아도 된다고 생각하는 청년들도 많지만, 나는 바란다. 튼튼이의 사랑하는 사람과 그들의 사랑스러운 자녀를 꼭 만나고 싶다. 새로운 가족을 맞이한다는 것은 그들의 과거와 현재, 미래를 함께 받아들이는 일이다. 경이롭고 신중한 일이 아닐 수 없다. 어쩌면 내가 늦게 결혼했기에 더 빨리 그런 모습을 보고 싶은 마음일지도 모르겠다. 아니면, 조금이라도 젊을 때 손주를 만나고 싶어서일지도 모른다. 이유야 어떻든, 결국 다 해당되는 것 같다.

 내 편과의 인연을 떠올리면, 처음은 동아리 수영 모임이었다. 백년찻집에서의 데이트가 사랑을 더욱 키워 주었다. 나는 늘 '남자라면 든든해야 한다'는 이미지를 갖고 있었는데, 내 편이 군대 이야기를 꺼냈을 때 그 순간 내 마음은 홀인원이 되어 버린 듯했다. 특수부대 출신의 그가 진짜 사나이처럼 든든해 보였고, 그때부터 사랑의 싹이 트기 시작했다. 함께 서예도 배우고, 수영 모임에서 회장과 총무로 함께 활동하며 사랑은 깊어졌다. 물론 결혼을 마음먹기까지는 힘든 일도 있었고, 살아오며 다툼도 있었지만 결국 서로에게 버팀목이 되어 오늘까지 함께 걸어

왔다. 이것이 삶의 모습일 것이다.

2000년 5월의 신부가 되어 시작한 결혼생활은 어느덧 23년을 향한다. 열심히 달려온 세월, 앞으로도 내 편이 희망을 품고 자신의 일을 즐기며 꿈을 향해 나아가기를 바란다. 덕동에 도착해 핑크뮬리와 코스모스가 만발한 들판을 걸으며, 튼튼이들이 함께하지 않아 아쉬웠지만 둘만의 시간도 소중했다. 푸르른 하늘과 살랑이는 꽃잎 속에서, '튼튼이 곁을 건강히 지켜주자'고 마음을 모았다. 그 순간, 시원한 바람처럼 가슴이 뻥 뚫리며 다짐이 더욱 단단해졌다.

언제나 내 편이 있어 고맙고, 행복하다.

서로가 서로에게 행복 비타민이 되어, 영원한 내 편들과 희망과 기쁨을 함께 누리며 살아가길 간절히 바란다. 오늘도, 그리고 내일도 변함없이 곁에서 사랑으로 응원하기를 다짐한다.

가슴 뛰는 삶

신시옥

죽음이란 무엇일까? 지난주에 지인의 20대 아들이 교통사고로 갑자기 세상을 떠나고 이번 주에는 다른 지인의 40대 남편이 암으로 투병하다 세상을 떠났다. 가슴 먹먹한 충격과 함께 죽음에 대한 생각이 온통 머릿속에 가득하다.

건강하던 나의 남편도 50대에 암으로 6개월 만에 홀연히 천국으로 떠났다. 상실의 아픔은 몇 년 동안 내 가슴에 큰 구멍을 내어 메워지지 않을 것 같았지만 시간이 흐르며 차츰차츰 치유되었다.

사람은 누구나 죽음을 피할 수 없다. 일찍 가고 늦게 가는 차이만 있을 뿐이다. 메멘토 모리(Memento more), 자신의 죽음을 기억하라'를 뜻하는 라틴어로 옛날 로마에서 전쟁에 승리하고 개선하는 장군이 시가행진을 할 때 노예를 시켜 행렬 뒤에서 큰 소리로 외치게 했다고 한다. 전쟁에서 승리했다고 우쭐대지 말고 언젠가는 죽는다는 것을 기억하며 겸손해지라는 의미로 생겨난 풍습이라고 한다.

나는 죽음을 가까이에서 경험했다. 시부모님, 친정 부모님, 남편, 친한 친구의 죽음을 보며 나도 언젠가는 삶을 마감하는 날이 온다는 것을 늘 잊지 않게 되었다.

죽음이 있기에 삶이 더 소중하게 느껴진다. 어둠이 있어 빛이 더 밝게 빛나듯이 말이다. 나의 남은 삶이 얼마나 남아 있을지 모르지만 어떤 삶을 선택하며 살아야 후회 없는 죽음을 맞이할 수 있을까?

오래전에 읽었던 《인생 수업》이란 책을 다시 꺼내 보았다. 정신의학자인 엘리자베스 퀴블러 로스는 죽음을 앞에 두고 있는 수백 명을 인터뷰해 그들이 말하는 '인생에서 꼭 배워야 할 것들'을 받아 적었다. '죽음을 앞둔 사람들로부터 배울 수 있는 가장 큰 교훈은 지금, 이 순간을 살아야 한다는 것이다. 삶이 우리에게 사랑하고 일하고 놀이하고 별들을 바라볼 기회를 주었을 때 그것을 해야 한다. 너무 늦을 때까지 기다려서는 안 된다'라고 했다.

그렇다 지금 이 순간 가슴 뛰는 삶은 사랑하는 일이다. 사랑은 모든 두려움을 쫓아낸다. 어떤 때는 근거 없는 두려움의 그림자가 나를 짓누를 때가 있다. 불확실한 노후와 질병에 대한 두려움 등이다. 지금 이 순간 나는 두려움 대신 사랑을 선택한다. 나를 있는 그대로 사랑하고 받아들인다. 나는 이 세상에서 유일한 존재다. 백만 년이 지나도 나와 똑같은 사람은 없을 것이니까. 나는 사랑을 배우기 위해 이 세상에 왔다.

그저께 추석에는 나를 도닥이며 거울을 보고 "시옥아! 사랑해! 수고했어!"라고 말해주었다. 나는 결혼하고 16년간 한 해도 거르지 않고 천안에 있는 시댁까지 7~8시간씩 걸리는 귀성길을 따라 추석을 쇠러 갔다. 남편이 장남이라, 시부모님이 돌아가신 후에는 시동생 가족들이 우리 집으로 내려와 추석을 함께 지냈다. 올 추석은 아들, 며느리, 손주, 딸과 함께 단출하게 보냈다. 추석 음식으로 맏며느리 역할을 할 때 자주 하던 음식을 장만했다. 잡채와 쥐포, 새우, 단호박 튀김을 하고 명태전을 부쳤다. 조기구이와 등갈비찜, 나물무침을 만들고 송편은 떡 방앗간에서 사 왔다.

예전에 시댁 가족들과 모여앉아 밤늦게까지 송편을 빚었던 추억이 아스라이 생각난다. 자랄 때 친정에서 먹었던 솔잎 냄새가 솔솔 풍기는 송편이 그립기만 하다. 우리 시어머니와 친정어머니께서는 자식들에게 먹이고 바리바리 음식을 싸서 보내주시려고, 추석 명절이면 항상 여러 가지 음식을 풍성하게 준비하셨다. 나도 그 솜씨를 배워서 아들네가 갈 때 푸짐하게 음식을 싸서 보냈다. 엄마의 사랑은 자주 만들어 주셨던 음식들로 기억될 때가 많다. 그래서 할 수 있는 한 명절에는 사랑하는 마음을 담아 즐겁게 음식을 장만하려고 한다.

올 추석에는 음식을 하는 김에 조금 더 많이 해서 잡채는 지인의 노모와 병원에 입원해 있는 분께 전해 드렸다. 튀김과 명태전과 송편은 인공관절 수술을 하고 재활하고 계신 이웃 언니와 앞 동에 사는 이웃 동생에게 나눠 주었다.

사랑은 나눌수록 커진다고 했다. 나를 사랑하고 가족을 사랑하고 이웃을 사랑할 때 긍정적인 힘이 생성되어 기쁨, 행복, 감사, 만족, 평화의 감정이 내 안에 흐르고 있음을 느낀다. 내 삶의 마지막 순간에도 간절히 원하게 될 것은 아마도 사랑하는 일이 아닐까? 그것을 지금 하려고 한다.

우리는 자신을 사랑하기 위해서 왔다

신 혜 정

"쫀, 너는 사랑이 뭐라고 생각해?"

"왜?"

"네가 어떻게 생각하는지 궁금해서, 사랑이 뭐라고 생각해?"

"좋아하는 거."

"넌 누구 좋아해?"

"엄마, 별이, 땅이."

"넌 별이랑 땅이 사랑해?"

"아니 둘은 좋아하고 엄마만 사랑해."

"아빠는?"

" "
……

"음. 사랑하는 거랑 좋아하는 거랑 다른 거네."

"……"

어느 아침 7살 쭌 군과 나눈 대화다. 명확한 실체가 없는 '사랑'이라는 단어를 쭌 군이 어떻게 느끼고 생각하는지 궁금했다. 그래서 물어봤는데, 명쾌하게 답하지는 않았지만, 7살 꼬맹이도 좋아하는 것과 사랑이 다르다는 것을 느끼고 있었다.

아이가 5~6살 때, 나에게 누구를 가장 사랑하는지 물으면 첫 번째로 내 자신이고, 두 번째로 아이라고 답했다. 쭌 군이 자신을 사랑하는 마음을 갖길 바라는 엄마의 마음이었다. 나르시시즘에 빠질까 살짝 고민이 되긴 했지만, 그 정도로 분별력 없는 아이가 아닐 거란 생각에 그렇게 답했다. 아이는 누구를 가장 사랑하냐고 자주 물었다. 어느 순간 아이를 가장 사랑한다고 말하니 대여섯 번 더 묻더니 더 이상 질문을 하지 않았다. 안정을 찾은 느낌이었다.

모든 사람의 첫사랑은 '엄마'라고 어느 육아 전문가가 한 말이 뇌리에 남아 있다. 결혼한 후 누군가와 다시 사랑에 빠지는 일은 없을 거로 생각했다. 아이를 낳고 생활하다 보니 이전에는 느끼지 못했던 사랑을 알게 되었고, 푹 빠지게 되었다. 엄마인 나와 아이와의 관계에서는 나는 사랑을 주는 사람이라 생각했다. 아이가 7살이 된 지금은 나도 아이에게 사랑받고 있다.

　운전을 잘하지 못하는 내가 산 중턱에 있는 축구장까지 어렵게 운전하고, 주차 자리가 거의 없고 좁은 곳에 주차하고 나니, 긴장되어 힘들다고 쭌 군에게 말했다. 그 말을 들은 쭌 군이 나를 안아 '토닥토닥' 말을 하며 손으로 내 등을 두드려 주었다. 누군가가 안아주고 토닥거려 주는 게 큰 위안이 된다는 걸 그날 아이에게 다시 배웠다. 내가 먹여주고 재워주는 아이에게 위안받을 줄은 몰랐기에 더 빨리 안정을 되찾게 되었다. 아이가 넘어지거나, 친구들과의 작은 다툼이 있을 때 해주었던 나의 행동을 아이가 그대로 돌려 주었다.

　아빠 생일이 지나고 다음번 생일은 엄마 생일이라고 하니 6개월이나 남은 엄마 생일 선물을 걱정하는 아이다. 자신이 받고 싶은 선물을 이야기하다 엄마인 내 생일이 더 빠르다고 하니 엄마 생일 선물로 뭘 사줘야 할지 고민했다. 자신은 돈이 없으니 편지로 선물을 대신하겠다는 아이다. 받기만을 바라는 사람이 아니고, 나눌 줄 아는 사람으로 자라고 있는 듯해 엄마로서 뿌듯한 마음도 있다.

　나도 그렇고 내 윗세대의 분들 대부분이 첫사랑인 엄마에게 무한한 사랑을 받지 못하고 자랐다. 그때는 다들 먹고살기 바빴으니까 하고 이해하면서도 마음 한 곳이 비는 느낌은 어쩔 수 없다. 첫사랑에게 받은 사랑이 조금 부족하다고 두 번째 사랑을 마음껏 할 수 없는 건 아니다. 첫사랑에게 받지 못했던 사랑은 두 번째 사랑에서 가득 채워 보시라. 첫사랑보다 더 많은 사랑을 하게 될 것이다. 두 번째 사랑은 내가 죽는 날까지 함께할 것이다. 그 두 번째 사랑은 바로 당신 자신이다.

"우리는 자신을 사랑하기 위해 왔습니다."

※ 별이, 땅이는 제가 지은 쭌 군 어린이집 친구들 애칭입니다.
※ '우리는 자신을 사랑하기 위해 왔습니다.'는 《하루 한 장 마음챙김 긍정 확언 필사집》에서 나온 문장입니다.

내리사랑 치사랑

오정욱

계향 정향 혜향 해탈향 해탈지견향 광명운대 주변법계 공양 시방 무량 불법승 옴 바아라 도비야 훔! 옴 바라 도비야 훔! 옴 바아라 도비야 훔 !

하늘에 계신 우리 아버지 아버지의 이름을 거룩하게 하시며 아버지의 나라가 오게 하시며 아버지의 뜻이 하늘에서와 같이 땅에서도 이루어지게 하소서 ~~

새벽이면 늘 들었던 예불문과 기도문이다. 친정과 시댁에 종교는 다르지만 결혼 전에는 친정엄마에게서, 결혼 후에는 시어머니에게서 자식을 향한, 자식을 위한, 사랑의 표현들을 새벽녘

이면 늘 주문하셨고, 당신들이 자식에게 주는 사랑에 증표들이었다. 지금 90세를 넘긴 시어머니와 90세를 바라보는 친정엄마는 여느 때와 마찬가지로 오늘도 내일도 자식을 위한 기도로 하루를 시작하고 있다.

'부모 마음은 내가 부모가 되어 보아야 비로소 알 수 있다.'고들 하지만, 막상 부모가 된 우리는 부모보다는 자식 사랑이 우선되어 버리는 게 현실인 것 같다. '내리사랑은 있어도 치사랑은 없다.'는 옛말처럼 자식 걱정이 먼저가 되었고, 부모님들의 헌신적인 사랑에 대한 보답은 그 뒤로 순위가 밀려 버렸다.

20여 년간 어린이집 선생님들이 먹을 김치와 아이들이 먹을 김치를 별개로 담아주시며, 손수 마늘을 찧고 손수 고추장을 담그셨던 불그스레하고 두툼한 손등이 삶의 발자취를 그대로 보여준다. 이제 기력이 쇠진하셔서 삼시세끼를 약과 함께하시기에 올해는 그 김치 맛을 보지 못할 것 같다.

자식이 많지만 모두들 바쁜 일정과 상황으로 어머니를 요양원으로 모셔야만 하는 현실이 못내 안타까운 막내아들이 바로 남편이다. 치매 초기를 더 진행시키게 하지 않으려고 "엄마 새벽에도 낮에도 예불문 자주 읽으셔야 해요." "아셨죠! 아셨죠?" 요양원을 방문할 때면 누누이 당부하는 남편이다.

시어머니의 아픈 손가락인 막내 남편에게 하시는 말씀은 "그래 그래. 내가 꼭 시키는 대로 하고 있다. 하므~." 하시는데, 이제는 부모로서는 작아진 듯한, 뭔가 약해진 듯한 모습이 마음 한편에 짠함을 자아낸다.

코로나19가 시작되면서부터 바깥세상과는 단절되었고, 요양원 내에서도 외부 놀이강사 출입이 제한되어 많이들 무료하신지 많은 분이 치매 초기 증상을 보인다고 한다. 코로나 19는 모든 세상 사람들과의 관계를 단절시키고 관계를 소원하게 만들었다.

현재는 일상 회복의 기로에 있지만 남편과 나는 시어머니와 아직까지 교도소 구멍 뚫린 창문처럼 만들어진 곳에서 상봉하고 있다. 시어머니 손 한번 잡아보지 못하는 남편이 못내 아쉬운 마음을 숨긴다. 부모가 늙어감에 어느 순간 자식들이 모실 수 없는 상황이 되면 부모는 짐이 된 듯 미안함마저 느끼시는 것이 마음 한편으로는 더 죄송스러울 뿐이다.

늘 부모보다는 자식 걱정이, 자식 사랑이 먼저가 되어버린 나 자신이다. 어느 사랑이 먼저라고 말할 순 없다. 공경하는 마음이 사랑이고, 애틋한 것이 사랑이 아니던가. 살아계시는 순간까지 좀 더 마음을 더 내어서 헌신적인 사랑으로 우리를 키우신

부모님께 더 충만한 사랑을 표현해 보고자 한다. 그리고 이번 생신에는 바깥 나들이도 하시고 함께 식사하고 외박도 가능해졌으면 좋겠다. 오늘도 두 분의 건강하심을 사랑으로 기원한다.

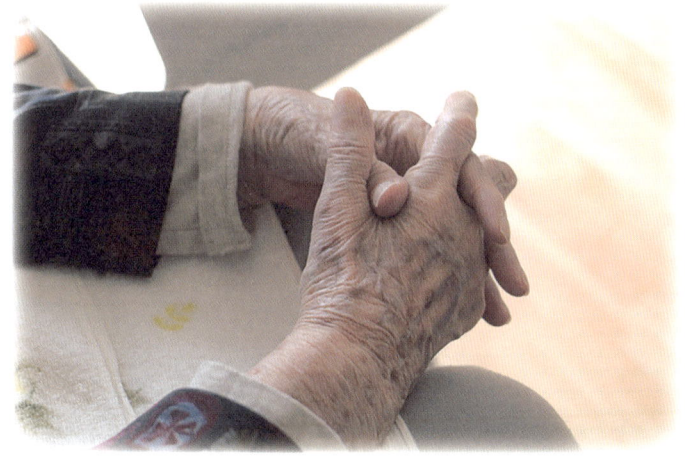

쌤! 스테이크 사 드릴게요

함말순

　사랑~, 사랑~, 사랑~ 사랑은 무한대이다. 어떤 사랑에 대해 써야하는 고민에 빠지게 됐다. 남편과의 사랑, 자녀들에 대한 사랑, 부모님의 사랑, 친구, 동기와의 사랑….
　순간 25년 동안 내가 이어온 사랑에 관련된 한 아이가 생각난다. 지금부터 23년 전 남매가 어린이집에 엄마랑 왔다. 어린이집과 같은 블록의 두 번째 집에 사는 아이 민정이와 오빠였다. 민정이는 어린이집에 적응하는 데 시간이 조금 걸렸다. 그 당시 전셋집 안채에서 놀이방을 하고 있었다. 주인 아주머니는 벽에 못 박는 것도 싫어하고 아이들 놀이하는 소리도 싫어하여 예민하게 간섭을 하신다.
　그 무렵 I.M.F가 터졌다. 나는 무슨 용기가 솟아났는지 내 집에서 놀이방을 해야겠다는 생각에 주택을 보러 다녔다. 그러던 중 어느 한 집이 눈에 띄었다. I.M.F 탓에 급하게 내어논 집이었는데, 하루 만에 계약을 끝냈다. 그 집이 바로 지금의 어린이집이다. 이때도 남편은 해외 출장 중이었는데, 출장을 마치고 귀국한 남편을 이사까지 다 해놓은 새집에서 맞았다.

이사를 한 후에도 민정이는 딸처럼 우리 아이들과 함께 자랐다. 처음 봤을 때 민정이는 까무잡잡한 피부에 입술은 오동통, 예쁜 울보 아이였다. 고집도 있고 욕심도 있고 자기 주장이 강한 시기의 아이였다. 이때 또 다른 아이가 있었다. 바로 조카다. 시동생 가족이 이혼하는 바람에 조카딸을 한 가족으로 맞아 키우게 된 것이다. 부산에서 시부모님이 몇 달간 돌보시다가 힘드시니 부탁을 하신다. 다른 아이들도 보육하는데 조카라면 더욱 더 돌봐줘야 하지 않을까 하고 흔쾌히 허락을 했다. 조차가 24개월 정도 되었을 때다.

이때부터 아침은 전쟁이었다. 딸, 아들, 조카딸, 놀이방 아이들 다 함께 뒹굴며 자랐다. 조카딸이 크면서 문제가 발생했다. 아들이 샘을 내기 시작한 것이다. 조카딸이 기저귀 차고 할 때는 아들이 기저귀도 가져다 주고 심부름도 하더니, 조금 크니 엄마가 조카딸한테 신경을 쓰는 것이 샘이 나는지 엄마 손 잡는 것도 싫어하고, 가까이 같이 걸어갈 때도 내 손을 못 잡게 하고 아들이 손을 잡는다.

민정이 남매는 우리와 함께 저녁까지 먹고 엄마가 퇴근한 뒤에야 집으로 간다. 그럴 때마다 민정이는 집에 가지 않으려 투정을 부렸다. 민정이 늘 친엄마가 제일 좋고, 그다음 좋은 사람을 꼽으라면 원장 엄마라고 했다.

그렇게 함께했던 민정이 남매도 어느덧 자라서 초등학교 3학년이 되어 이사를 가게 되었다. 이사를 가고도 종종 연락이 왔다. 그 무렵 조카딸도 아빠 집으로 돌아갔다. 놀이방이 어린이집으로 명칭이 바뀌면서 새로운 원아들과 함께 바쁘게 지내며 시간은 유수처럼 흘러갔다.

민정이는 "원장쌤!" 하면서 아가씨가 다 되어 친구 몇을 데리고 어린이집으로 들어온다. "저 민정이에요. 이제 고등학교 가요." 하면서, 옛날 살았던 집을 둘러보면서 어린이집에 와보고 싶어서 왔다고 한다. 너무 기특하기도 하고 훌쩍 자라버린 아이들을 보며 '시간이 많이 흘렀구나.' 하는 생각을 해 본다. 민정이는 부모님이랑 주말에 나들이하면서 몇번 어린이집에 다녀 갔다고 한다.

또 어느날 민정이에게 전화가 온다. "원장쌤 나 대학 합격했어요. 과 수석으로 입학했어요." 가슴이 뭉클하면서 눈가에는 눈물이 핑 돈다. 지금 글을 쓰고 있는 이 순간도 눈물이 핑 돈다. 또 전화가 온다. "원장쌤, 이번에 장학금 받으면, 스테이크 사드릴께요." 그러고는 1년이 흘렀다. 또 전화가 왔다. "원장쌤 오늘 시간 있어요?" 한다. 약속이 있는 날이라 만나지 못하고 다음을 기약했다.

이제는 내가 전화를 했다. 장학금 받았냐고 물어본다. 스테이크는 언제 사줄거냐고도 물어 본다. "그때 원장쌤한테 전화했는데 약속있다고 하셔서서 못 했잖아요." 한다. 또 시간이 흘렀다. 전화가 왔다. "원장쌤, 나 취직했어요." 아니! 벌써!

서울에 취업을 하고 또 시간이 지났다. 또 전화가 온다. "원장쌤, 저 마산으로 왔어요." 이제는 좀 만날 수 있겠구나 생각했는데, 코로나가 만남을 막고 지방으로 오면서 매우 힘든지 아니면 바쁜지 추석전에 한번 보기로 했는데 또 엇갈렸다. 이제는 가까이 있으면서도 서로가 바쁜 가운데 얼굴 보기가 힘들다.

민정아! 빨리 스테이크 먹고 싶구나. 민정이가 사 주는 스테이크는 꼭 먹고 말 거야.

Chapter 04

변화

변화란 결코 쉽지 않다. 긍정 확언 필사 하루하루 노력을 통해 작은 변화에 감사하자. 시간이 지나면 변화하는 것이 아니라 행동을 취하지 않으면 영원히 한자리에 머무를 뿐이다. 변화를 위한 뜨거운 열망을 가져 보자.

10배의 법칙

임미정

"사모님 안녕하세요? 저 태성이 엄마예요."

"응, 잘 지냈어?"

"네."

조금은 들뜬 마음으로 전화해 나의 근황을 알려드렸다.

"원장님, 사모님 덕분에 제가 책을 출간할 수 있었어요."

"뭐라고? 책을 썼다고?"

"네. 책을 썼어요."

"저에게 공부할 기회를 주셔서 제가 이렇게 책도 쓸 수 있는 사람으로 성장했답니다."

2010년 9월 10일. 나의 첫 책이 출간되었다. 동남보건대학에 재직 중인 김 교수님과 서울에서 어린이집을 운영하는 세 명의 원장님과 함께 0, 1, 2세 영아 보육프로그램을 책으로 엮었다. 기쁜 마음으로 결혼 전 근무했던 병원장 사모님께 전화를 드렸다.

나는 가난하여 고등학교에 진학하지 못했다. 특별한 학창 시절을 보냈던 충남 공주 장외과의원의 원장님과 사모님은 나의 은인이시다. 이분들은 내가 일하며 고등학교와 대학에 다닐 수 있도록 관심 가져주시고 시간을 배려해 주셨다. 나의 마음에 배려와 나눔이 싹트게 해주신 분이다.

친정어머니께서는 "누가 학교 가라고 시간을 내주겠냐? 학교에 다닐 수 있도록 엄마 노릇을 해주셨으니, 그 은혜는 절대 잊어서는 안 된다."며 늘 말씀하셨다. 나의 20대, 청춘을 보냈던 그곳에서의 삶은 고되기도 했으나, 내가 꿈을 꾸며 단단하게 성장하게 한 시공간이 되어 주었다. 나의 성장과 변화의 자양분이 되어 주었다. 이러한 과정과 나에게 꿈이 없었더라면 지금의 나는 만들어지지 않았을 것이다. 꿈은 크게 꾸라고 했던가. 꿈을 꾸니 의지가 생겼고, 의지와 노력은 내 꿈이 열매 맺을 수 있도록 놀라운 변화를 가져왔다. 성공과 실패를 가르는 유일한 차이는 꿈을 갖고 이를 실행하기 위한 노력을 계속하는 것이다.

성공한 사람들 대부분 꿈을 가지고 있다. 여기에서 성공 반

열에 오른 남동생 얘기를 빼놓지 않을 수 없다. 동생은 흔히 말하는 흙수저다. 불가능한 상황에서도 꿈을 포기하지 않고 끊임없이 노력한 결과 대한민국 에너지 미래산업 육성의 메카에 서 있다. 금오공고 50기 후배를 위한 임춘택의 기고서 《44년 후의 내가 44년 전 나에게》는 감동을 준다. 가족이면서도 그 동안 몰랐던 이야기를 읽으며 가슴 먹먹해 울컥하기까지 했다. 실업계 고교에 다니던 동생은 언젠가 대학에 갈 것을 대비해 영어와 수학을 독학했다. 대학 입학의 꿈이 좌절되자, 군대 생활과도 흡사했던 학교 수업을 마치면 도서관에서 천체물리 백과사전이나 일어로 된 물리책에 파묻혀 지냈다. 나중에 공대에 다니면서도 물리학자의 꿈을 접지 않았다. 결국 금오공고 때부터 꿈꾸던 과학자가 되었다. 기술고등고시와 카이스트에 동시에 합격했다. 평범한 사람은 논문 1편 쓰는 데도 어려움을 겪는데 현재 207편의 논문과 180여 건의 특허, 20권의 저서를 냈다. 국내 최초로 IEEE로부터 밀란요바노비치상을 수상했다. 무선전력 전자공학 분야의 탁월한 업적을 세계적으로 인정받은 것이다.

꿈이 있다고 해서 모두 성공하는 것은 아니지만 꿈이 없으면 아예 이루지를 못한다. 최근에 읽었던 그랜드 카돈의 《10배의 법칙》에서 목표를 10배 더 높게 세우라고 한다. 10배의 법칙은 어떤 일을 성공적으로 해내기 위해 얼마나 큰 노력과 사고력을 쏟아부어야 하는지 이해하는 데서 출발한다. 즉 행동력과 마인드셋이 필요하다. 이는 불확실한 사건을 헤쳐 나갈 수 있게 해주는 유일한 수단이라고 강조하는 데 주목한다. 그랜드 카돈은 "'나도 성장하고 성공할 수 있다.', '성공은 나의 의무다.'라는 믿음을 가지고 행동하면 동기부여가 되어 창의력이 생기고, 성공전략이 생길 것이다."라고 조언한다.

꿈의 목표를 세울 때 참고해야 할 것이 있다. 현실적인 목표를 세우기보다는 목표는 크게, 자주 세우고 그 목표를 더 큰 목적들과 결부시킨다. 아침과 저녁에 반복해서 새기며 적어본다. 그리고 자신의 가능성을 과소평가해서는 안 된다. 실행해 보기도 전에 '난 할 수 없어. 지금 상황으로는 도저히 안 돼.'하는 부정적 사고는 금물이다. '자기 자신'을 위해 목표를 세우고, 무엇이든 가능하다는 믿음이 중요하다.

성공한 사람들은 모두 성공하기까지 습관을 지니고 있다. 스티븐 코비는 성공하는 사람들의 7가지 습관을 얘기했고, 그랜드 카돈은 10배의 법칙에서 32가지 습관을 제시했다. 성공의 크기와 그 기준은 다르지만 나는 감히 성공했다고 자부한다. 나를 성공의 자리에 오르게 한 것은 10배의 법칙만큼은 아니더라도 꿈을 크게 꾸고, 꿈을 이루기 위한 사고와 노력은 오랜 기간 나와 함께 했다. 내가 잘할 수 있다는 태도, '내가 잘 해결하겠다'라고 말하기, 끈기로 버티기, 몇 배 행동하며 노력하기, 예스라고 말하기, 목표를 향해 전념하기, 일을 즐기기, 높은 동기 가지기, 원대한 목표와 꿈 가지기, 끊임없이 배우기 10가지로 정리해 보았다.

나에게는 지금까지 해왔던 것처럼 장기적인 목적과 목표가 있다. 같이 & 가치를 추구하며 혼자가 아닌 함께 길을 걷고 있다. 성공은 나와 당신의 의무이자 사명이다. 성공은 책임이며 플로리시한 삶을 영위하게 한다. 10배의 법칙을 적용하면 분명 그동안 꿈꾸어 온 것보다 더 큰 변화를 맛볼 수 있을 것이라 장담한다.

'설희' 내가 곧 변화란다

박 설 희

"생각을 바꿀 수만 있다면 우리 앞에는 무한한 길이 존재한다." 필사 124일 차 되는 날, 나에게 의미 있게 다가오는 문장이다. 이 문장 속에서 '생각을 바꾸다' 그리고 '무한한 길'을 떠올려 보았다. 생각이 많아 잘 되는 일까지도 그르칠 때가 종종 있다. 이 말의 의미는 부정보다는 긍정으로 다가서면 안 되는 일도 되게 할 수 있다는 말이다. 그만큼 긍정의 힘이 효과를 발휘한다는 의견에 공감한다.

아마 6년 전으로 기억된다. 노인스포츠지도사 자격증을 취득하고 선배 강사에게 경험과 노하우를 배우기도 하고 한참 실버놀이 강사로서 제2의 삶을 꿈꾸던 시절이었다. 그것도 명품 강사가 되기 위해 강의안 계획과 강의 운영에 대한 전반적인 방법들을 배워가는 중이었다. 그 강사과정 수업 내용 중 하나 특이했던 점은 MBTI 검사였다. 요즘 MBTI 유형 검사는 MZ세대뿐 아니라 청소년층에서도 굉장히 인기가 있을 정도로 모르는 사람이 없을 것이다. 하물며 우리 50대도 관심을 가지고 첫 만남 시 "혹시 MBTI가 뭐예요?"라고 물어보기도 한다. 요즈음 내가 자주 하는 질문 중 하나이기도 한다.

MBTI 성격유형검사는 요즘 유행하고 있는 성격 테스트로, 사람의 성격을 16가지로 나누어 분류하고 있다. 이런 성격유형 검사가 인기 있는 이유는 MBTI 검사 결과가 자신의 성격과 성향을 제대로 나타내주기도 하지만, 점점 개인의 다양성을 중요하게 생각하고 상대방의 다른 점을 이해하려는 문화적 토양이 정착되고 있기 때문일 것이다. 우리는 늘 인간관계 속에서 살아가기 때문에 MBTI 성격유형검사을 통해 자신의 성격을 제대로 파악할 수도 있고, 상대방의 MBTI를 물어봄으로써 상대방을 제대로 이해하면서 인간관계를 발전시켜 나갈 수 있다.

나의 MBTI 유형은 대한민국에서 제일 흔한 ISTJ였다. 청렴결백한 논리주의자 유형으로 불의를 보면 참지 못하고 반드시 고쳐야 하고, 하루하루 계획한 일은 수첩에 메모하며 완벽하게 마무리해야 하는 완벽주의자에 가까운 유형이었다. 성격유형 검사 결과를 보고는 깜짝 놀랐고 신기했다. 그런 이유에서인지 밤 잠을 설치며 하고 있던 대학원 공부에, 제2의 직업을 꿈꾸며 하는 공부, 주부로서, 엄마로서, 어린이집 원장으로서, 모든 걸 놓치고 싶지 않아 스트레스를 받으면서도 묵묵히 참으며 지냈다. 힘든 줄도 모르고 그저 앞만 보고 달려왔다. 한참 세월이 지난 지금 작은 딸아이의 권유로 MBTI 검사를 다시 하게 되었다. 옛날과 다르게 문항 수도 달라지고 좀 더 쉽게 검사를 할 수 있다는 말에 귀가 솔깃해졌다. 검사 시간도 얼마 걸리지 않았다. 짜잔~~ 드디어 나의 성격유형은 ENFJ로 나왔다. 4가지 중 하나만 같고 세 개가 다른 결과에 놀라움보다는 당연하다는 생각이 들었다.

    ENFJ 유형은 대한민국에서 0.9% 미만으로 보기 드문 유형이며, 선도자, 언변능숙형으로 온화하고 적극적이며 책임감이 강하고 사교성이 풍부하고 동정심이 많다. 상당히 이타적이고 민첩하고 인화를 중요시하며 참을성이 많다. 다른 사람들의 생각이나 의견에 진지한 관심을 가지고 공동선을 위하여 다른 사람의 의견에 대체로 동의한다. 미래의 가능성을 추구하며 편안하고 능란하게 계획을 제시하고 집단을 이끌어가는 능력도 있다.

긍정의 힘으로 현재 하는 일에 만족하면서 나 자신을 사랑하고, 모든 일을 해낼 수 있다는 마음으로 살아가면 MBTI 성격유형도 바뀔 수가 있을까? 이런 의심에 앞서 이제 성격도 변한다는 것을 체험하고 있다. 바로 긍정 확언 필사의 힘이라고 생각된다. 하루 1일을 시작으로 이제 132일 차 되는 날이다. 100일 차 되는 날, 온라인 매체를 통해 좋은 분들께 많은 격려와 지지를 한 몸에 받기도 하였다. 뿌듯하기도 했지만 내 마음에 변화가 일어나기 시작했다는 것을 강조하고 싶다. 아무것도 주지 않고 아무 영향력도 없을 것이라 여겼던 긍정 확언 필사의 힘이 이렇게 대단한 역할을 해주었다. '할 수 있다' '사랑해' '행복하다'를 외치며 계속해서 나의 마음 안에 있는 내면의 아이에게 용기와 사랑을 주고 싶다. 그러면 자연스럽게 나의 주변에서 여러 가지 변화가 일어날 것이라고 확신한다.

역시 '설희' 내가 곧 변화란다.

변화 속에서 피어나는 우리

배정숙

　코로나19 바이러스는 언제쯤 조용히 사라질까? 창원 시청에서는 아침 9시쯤이면 안내 문자가 온다.

　지난주, 2022년 10월 20일 목요일 393명, 21일 금요일 406명, 22일 토요일 437명, 확진자 수는 조금씩 늘고 있다. 환절기라 독감과 함께 찾아올 수도 있어 걱정스럽다. 우리가 코로나와 함께한 시간은 벌써 2년 8개월. 2020년 2월 마지막 주부터 지금까지, 긴 여정을 지나왔다.

　긍정 필사 "새로운 삶의 문을 열겠습니다." 111일차에는 이렇게 적혀 있다.

　"우리는 태어나는 순간부터 많은 문을 지나왔다. 탄생은 큰 변화였지만, 그 후에도 우리는 수많은 문을 통과했다."

코로나가 시작된 초기, 한 달, 두 달, 석 달…. 시간이 흐르며, 나는 순간순간 복잡한 생각과 감정을 마주했다. "이대로는 안 되겠다."는 막연한 불안과 함께, 나는 조금씩 변화에 적응하기 시작했다.

나의 근무지 어린이집은 코로나 초기 휴원을 맞았다. 맞벌이 가정의 긴급 보육만 허용되었기에, 아이들은 대부분 가정에서 지냈다. 시간제 어린이집으로 지정된 곳이라 운영이 제대로 이루어지지 못한 한 해가 아쉽게 흘러갔다. 교사 대 아동 비율이 1 대 1로 운영될 만큼 혼란스러운 시간도 있었다.

그럼에도 우리는 학부모님과 적극적으로 소통하며, 사랑둥이들의 안전과 코로나19 예방을 위해 최선을 다했다. 소독과 생활 규칙을 철저히 지키며 현장을 지켜왔다. 지금은 실외에서는 마스크 착용이 필요 없지만, 여전히 실내에서는 신중하게 착용하고 있다. 하루빨리 아이들이 자유롭게 웃고 말할 수 있는 날을 간절히 기다린다.

코로나로 인해 보육 교직원들의 대면 교육도 비대면 온라인 교육으로 대체되었다. 장단점이 있었지만, 이동 시간을 절약하고 편안하게 교육을 받을 수 있었다. 반면 사람들과 직접 소통하는 즐거움은 아쉬웠다. 지금은 사회적 거리두기가 완화되어

반가운 얼굴들을 만날 수 있어 행복하다. 불편했던 지난 시간들이 오히려 시간, 만남, 건강의 소중함을 깨닫게 했다.

코로나는 세상을 드라마틱하게 바꾸었다. 공항은 그 변화가 가장 극적으로 드러나는 장소였다. 많은 나라가 입국을 금지하고 조건을 붙이면서, 입출국 관문은 한때 텅 비었다. 그렇게 2년이 흘렀지만, 이제 인천공항은 조금씩 활기를 되찾고 있다. 친구의 딸이 스튜어디스로 일하는데, 비행 기회가 줄어 아쉬워했지만, 이제는 다시 조금씩 일상이 회복되고 있다. 나 역시 해외여행을 떠올리며, 정신없이 혼잡하던 공항의 활기를 그리워한다.

코로나19 이후, 우리의 삶은 디지털 전환 속도를 빠르게 경험했다. 비대면 활동의 증가, 새로운 산업의 성장, 그리고 이에 따른 사회적 문제들. 재택근무, 화상교육, 온라인 학습 격차 등 변화는 일상에 깊숙이 스며들었다. 한편으로는 자동화와 인공지능이 앞당긴 미래를 체감하게 된다. 로봇이 식당에서 음식을 배달하는 모습을 보고, 사라지는 일자리를 실감하기도 했다.

이 긴 시간 동안 나 자신도 변화를 받아들이며 살아왔다. 매일 반복되는 업무 속에서도, 아이들과의 작은 웃음, 동료와 나누는 대화, 학부모와의 소통이 큰 힘이 되었다. 나는 일상의 소중함을 더 깊이 느끼게 되었고, 나 자신의 마음을 돌아보며 작은 성장을 경험했다. 루이스 헤이의 긍정 필사를 통해 나의 생각은 조금씩 단단해지고, 미래에 대한 준비와 희망도 생겼다.

다가올 미래는 자동화와 인공지능이 만들어낼 새로운 기회로 가득할 것이다. 변화에 적응하며 성장하는 것은 선택이 아니라 필수다. 우리는 코로나로 인해 불가피하게 달라진 환경 속에서, 새로운 방식으로 삶과 일, 관계를 배워야 했다. 이 과정을 통해 스스로를 돌아보고, 작은 것에도 감사하며, 매 순간 선택의 힘을 느낄 수 있었다.

지금부터 미래를 대비해야 한다. 변화에 적응하지 못하고 과거에 머물러 있다면, 앞으로 나아갈 길은 없다. 변화를 두려워하지 말고, 즐기며 성장하는 나를 발견하자. 변화 속에서 배우고, 적응하며, 다시 한번 삶의 문을 활짝 열 준비를 하자.

마르지 않는 사랑샘

신시옥

　우스갯소리로 "손자 자랑을 하려면 돈을 내고 해야지."라고 들 한다. 그만큼 손자를 사랑하는 마음이 크다 보니 할머니들이 손자 이야기를 많이 하면서 생긴 말일 게다. 나도 할머니가 되고 보니 예외는 아니다. 휴대전화 프로필에 손자 사진을 올려놓고 수시로 보는 게 취미다. 손자 본 친구와 만나면 서로 사진을 보여 주며 손자 이야기에 열을 올린다. 은규가 벌써 다섯 살이 되어 "할머니 사랑해요."라고 표현할 때면 눈에 넣어도 안 아플 것만 같다.

　요즘 나도 모르게 손자 바보 할머니가 되어가고 있다. 내 자식 키울 때 느꼈던 무한한 사랑의 감정이 되살아나다니 정말 놀랍기만 하다. 내가 처음 엄마가 되어 첫아들을 키울 때는 친정,

시댁 부모님은 멀리 계시고 남편은 회사 일로 바빠 육아를 혼자서 감당했다. 육아에 서툴렀지만, 아이를 사랑하는 마음이 가득하다 보니 힘든 줄 몰랐다. 둘째 딸은 첫째를 키워본 경험으로 여유가 생겨 육아의 즐거움과 보람이 두 배였다. 내가 살아온 날 중에서 가장 행복했던 기억을 꼽으라면 아들, 딸을 내 품에서 키우던 때였다고 자신 있게 말한다.

세상에서 가장 고귀한 일은 아이를 양육하는 일이 아닐까? 나는 천성적으로 아이를 좋아한다. 초등학교 다닐 때 학교 갔다 오면 막내 여동생을 업고 다녔다. 하루는 윗집에 사는 명숙이에게 놀러 가려고 담을 넘다가 동생을 업고 넘어져 동생 머리가 깨져 피가 많이 났다. 얼마나 놀라고 혼이 났던지 아직도 트라우마로 남아 그 장면이 눈에 선하다. 어머니는 동생을 잘 돌볼 때는 칭찬도 많이 해주셨다.

예나 지금이나 어린아이들만 보면 사랑의 눈길이 저절로 간다. 그래서인지 어린이집을 15년째 운영하고 있다. 영아기 아이들을 보육하는데 얼마나 사랑스러운지 매일 '까꿍 놀이'를 하며 웃음보가 터진다. 아이들 아니면 어디에서 웃을 일이 있을까 싶다. 사랑받기 위해 태어난 우리 아이들은 사랑을 먹어야 잘 큰다. 영아기에는 '사랑 하나면 충분하다.'라고 생각한다. 사랑을 충분히 받은 아이가 자존감이 높아 자기를 사랑하고 타인도 이웃도 사랑할 힘이 있다.

나의 내면 아이는 어릴 적에 부모님의 사랑을 충분히 받지 못했다고 생각했다. 때때로 누군가의 사랑을 갈구하며 허전해하는 내면 아이의 모습을 발견하니 말이다. 유교적인 나의 부모님은 육 남매를 키우며 엄하신 편이었다. 속으로는 그렇지 않으셨겠지만, 사랑한다는 표현은 거의 없으셨다. 그러나 일평생 몸소 삶으로 자식들에게 아낌없는 사랑을 다 주고 가셨다. 이제 내 내면의 아이에게 말한다. "너는 존재 자체만으로도 어린 시절 내내 부모님께 사랑을 충분히 받았다"라고.

내 안에 낡은 생각은 떠나가고 감사의 변화가 일렁인다. 긍정 확언 146일 차 "나는 내 생각과 세상을 바꿀 힘이 있다. 나는 무조건적인 사랑으로 가득 차 있으며 오늘 그 사랑을 표현할 것이다."를 필사하고 미러워크하며 생각의 변화를 낳는다.

물질 만능 시대에 사랑이 점점 식어가고 있음을 피부로 느끼는 요즘이다. 물질로 인한 부모 형제간의 다툼이 연일 매스컴에 오르내리고 러시아의 우크라이나 침략전쟁으로 지구촌이 몸살을 앓고 있다. 그러나 희망은 있다. 아직 사랑의 가치를 소중하게 여기며 표현하는 사람들이 곳곳에 수없이 존재하기 때문이다. 세상을 떠날 때 장기를 기증하여 새 생명을 찾게 해주는 분, 가정이 필요한 아이를 입양하여 훌륭하게 키우는 부부, 집 없는 사람에게 집을 지어 주는 사랑의 집 짓기 운동, 초록우산, 굿네이버스, 월드비전, 컴패션, 굿윌, 재난당한 사람들을 후원하는 수많은 분 등 이루 열거할 수 없을 정도다. 딸은 대학병원 중환자실에 근무하여 혈액의 소중함을 알기에 사랑의 실천으로 정기적 헌혈을 하고 있다. 나도 내년에는 더 늦기 전에 사랑의 장기기증 운동에 참여하려고 한다.

 오늘도 나는 1도의 작은 변화를 추구하며 사랑을 실천하려고 애쓰겠다. 그래서 내가 있는 자리마다 마르지 않는 사랑샘이 흘러넘쳐 따뜻한 세상이 되기를 소망한다.

하루 한 번 스트레칭 하기

'사람은 변하지 않는다.'는 말이 있다. 그런데 세월이 지나고 보면 나 자신 그리고 주변의 사람들의 변화를 느낄 때가 있다. 잘 변하지 않는다고 하는데, 사람은 어떤 경우에 달라지는 걸까? 우리 모두가 알 듯이 사람은 한순간 바뀌는 건 쉽지 않다. 오랜 시간 조금씩 달라져야 변화된 생활 패턴이 유지된다.

나를 예로 들자면 29살에 자기계발을 하고 싶어 저자 강연회나 이런저런 강의를 많이 찾아 다녔다. 기회만 있으면 신청해서 한 달에 많게는 5번까지 들은 적도 있다. 그러던 중 자기계발서 저자 강연회를 갔는데, 그 강사가 독서 코칭 프로그램을 운영한다고 했다. 6개월의 과정이고 일주일에 책 한 권씩 읽고 코칭과 관련된 활동을 한다고 설명했다. 뭔가 좋아 보여서 신청

했다.

　코칭 프로그램에서는 이름은 부모님이 정해주신 것이고, 자신이 불리고 싶은 호를 지으라고 했다. 난 그 자리에서 바로 '행복'이라는 호를 지었다. 행복해지고 싶은 마음에서였다. 자존감도 낮았고, 타인에 대해 의존 성향이 강한 나였다. 그때는 느끼지 못했지만, 지금 떠올려 보면 나는 행복함을 느끼지 못했다. 마음이 충만하다는 느낌이 무언지를 모를 때였다. 가끔은 죽고 싶다는 생각도 했다. 무엇이 가장 나를 힘들게 했는지 생각해 보면, 나는 나 자신을 좋아하지 않았다. 사랑까지는 아니어도 좋아하는 감정이 없었다. 세상에서 내가 사라져도 내 주변에 아무 일도 일어나지 않을 것 같다는 생각마저 들었다. 42살인 지금은 내 삶에 만족한다. 남편과 아이와 대화하고, 가족 모두 건강하게 사는 지금, 이 순간들이 매우 좋다.

　10년이면 강산도 변한다는 말이 있다. 내가 바로 그렇다. 독서 코칭을 시작하고 10년쯤에 나에 대해 많은 것을 알게 되었고, 내가 가지지 못한 것들에 대해 내려놓게 되었다. 차분한 말투, 불만을 웃으며 표현하기, 부지런한 생활 패턴, 경제적 자유 등 아직 채우고 싶은 부분이 많지만, 현재의 삶이 행복하다.

　나를 봐도 그렇고, 주변을 봐도 그렇고, 한 번에 사람은 변하지 않는다. 자신이 변화를 원하고 조금씩 삶의 변화를 일으킨다면 삶은 발전한다. 요즘 나에게 긍정적인 에너지를 주는 책이 두 권 있다. 이 책을 쓰게 된 근간이 된 매일 한 장씩 쓰는《긍정확언》이고, 다른 책은《습관의 재발견》이란 책이다.

　이 책의 저자인 스티브 기즈는 아주 작은 습관을 매일 반복하라고 말한다. 자신은 팔굽혀펴기 한 개를 하기로 정하고 매일 하다 보니 일주일에 세 번씩 헬스장에 가게 되는 습관을 지니게 되었다고 한다. 아주 작은 습관으로 하지 않을 수 없을 정도로 작은 것부터 시작하라고 말한다. 하루는 자려고 누웠는데, 팔굽혀펴기 한 개를 하지 않은 게 기억나 그 순간 침대에 엎드려 팔굽혀펴기 한 개를 하고 잠을 잤다고 한다. 나 또한 비슷한 경험이 있다. 긍정확언 필사하지 않았던 게 생각나 자다 일어나 쓴 적이 두 번 있다. 한 번은 아이 재우다 깜박 잠들어서 한숨 자고 일어나서 적은 날도 있었다. 다른 하루는 새벽 3시쯤 잠에서 깨었는데, 필사하지 않는 게 생각나 필사하고 잤다. 아직 해가 뜨지 않았으니 새날이 밝은 게 아니라고 위안으로 삼으며 말이다. 물리적으로는 다음 날이었지만 말이다. 조금은 억지스러웠지만, 필사했다는 마음으로 내 에너지는 올라갔다. 하지 않은 것보다 훨씬 나은 하루의 마무리였다.

《습관의 재발견》 책에서 배운 다른 작은 습관은 하루에 2~3문장 글쓰기이다. 저자는 하루 2~3문장을 쓰기로 마음먹고 자리에 앉으면 그보다 더 많이 쓰는 날이 많다고 했다. 여행가거나 일이 많을 때는 2~3문장을 써도 원래 계획대로 글을 썼으니 마음 편하다는 것이다. 원래의 계획이 그랬으니 말이다. 나도 저자를 따라 하루 2문장 쓰기를 하고 있다. 한 달 정도 지난 지금 블로그 포스팅 갯수가 늘었다. 작은 습관을 만들어 나가는 방법은 책에 더 자세히 나와 있다.

이 책을 읽고 난 후 나에게 더 생긴 습관은 스트레칭이다. 어깨가 자주 뭉치는데 하루 한 번 팔을 뒤로 잡아당기는 스트레칭하기를 작은 습관으로 들이는 중이다. 그러다 매트에서 운동하는 날이 올 것 같다. 작은 습관들이 모여 내 삶이 큰 변화를 이룰 것 같다.

다시 말하지만, 사람은 변화하기가 쉽지 않다. 하지만 내가 변하고자 마음먹고 사부작사부작 움직이다 보면 언젠가는 삶의 변혁이 이루어질 수도 있다. 나처럼 책 쓰기에 도전한 지 10년 만에 개인 책이 나올 수도 있을 것이다.

열정은 변화를 불러온다

오정욱

열정의 실체는 무엇일까? 열정은 시작을 가능하게 하는 일종의 점화 플러그가 아닐까?

'시작이 반이다'라는 말이 있다. 이 말은 '열정이 반이다'라는 말과 일맥 상통한다고 생각한다. 스파크가 없으면 변화에 묘미를 볼 수 없으며 그 열정은 심리적 에너지와도 같다. 자신이 좋아하고 좋아하는 일에는 지치지 않는 에너지가 분출한다.

딸아이 진로에서 교육학 또는 유아교육학을 권했다. 딱히 관심을 두지 않았고 딸아이는 영화에 관심이 많았으며, 그래픽 또는 포트폴리오 등 컴퓨터를 이용해 디지털 이미지 또는 이를 구현하는 기술과 제작에 관심이 많았다. 딸은 컴퓨터라는 기계문명을 두려워하는 엄마와는 다르게 창의적이고 구상력이 좋았고,

영화나 TV 영상에서 다양하게 표현되는 것들의 움직임이나 효과를 자연스레 말하곤 했다.

처음에는 단지 '영화에 관심이 있구나'라고만 생각하여 반대를 많이 하였다. 어느 날 딸은 반대하는 일에 대한 자기만의 소신의 글을 적어두고 서울행을 택했다. 지방에서는 하고 싶고 배우고 싶은 것들을 하는 데 한계가 있으며, 엄마 아빠 또한 반대를 하니 어쩔 수 없는 결정이라며 지켜 봐 달라는 글을 남겼다.

걱정은 되지만 쉽사리 허락하고 싶지 않았다. 쪽방 고시원에서 생활하지만 좋아하는 일을 찾아 가고 있음에 걱정하지 말라는 용감무쌍한 딸아이가 도대체 누굴 닮았는지 부부간의 언쟁도 있었다. 아마 하고 싶은 게 있으면 아니 한 번 필이 꽂히면 꼭 해야 하는 나의 유전자가 더 많이 작용하지 않았나 싶다. 다른 직장보다는 험난함이 더 많으며 흔히들 안정된 직장을 선호하는 분야가 아니기에 남다른 노파심도 생겼지만 어느 순간 부모는 자식을 이길 수 없다는 말처럼 우리의 주장은 무너졌다.

객지 생활에 어려움이 많은 딸아이에게 하고 싶은 것을 위한 지지와 지원을 손길을 보내 주었다. 타지에서의 어려움이 많을 텐데도 불구하고 아이는 좋아하는 것에 열정을 드러냈고 외적인 개발과 변화를 위해서 나름 알뜰한 플랜을 가지고 생활하고 있었다.

변화는 쉽게 오지는 않는다. 아주 작게 작게 쌓아 올린 한 계단 한 계단이 모여 건물이 만들어지고 멋진 빌딩에 모양을 갖추듯이 인내하고 인내하며 열정을 다해야 한다. 이 시대의 아이들은 다양한 능력과 면모를 갖추고 많은 경험 속에서 자기만의 브랜드를 향해 질주하고 있는 듯하다. 제4차 산업혁명 시대를 경험하는 아이들의 목표 지향적인 꿈들은 쉽게 주어지는 현실은 아니다. 하지만 변화를 위해 몰입하는 열정의 모습에 지지와 응원을 아끼지 않는 것이 부모의 몫이 아닌가 싶다. 얼마 전 내려온 딸아이가 말했다.

"엄마가 좋아하는 것이 있으면 그것에 열정을 다하라고 했잖아. 그러면 분명 변화가 오고 꿈이 실현된다고…."

아이들이 성장하면서 간간이 들려주었던 말이었지만, 막상 아이의 진로를 선택할 때에는 그 말이 쏙 들어갔었는데 목표를 행동으로 옮기는 원동력이 강한 아이에게서 잠시 엄마로서 부끄러움을 느꼈다.

실행하지 않으며 열정을 가지지 않는다면 변화는 존재하지 않는다. 100세 시대를 살아가야 하는 현실에서, 수많은 경험 속에 목표를 향한 열정이 있다면 반드시 변화가 오리라 믿으며 오늘도 딸아이를 위한 지지와 응원을 보낸다.

일상의 변화

함말순

"삶이 복잡하다고 느껴질 때, 생각을 정리하고, 인간관계를 정리하고, 하루의 일을 정리하고, 내 문제를 정리하고, 내 모든 문제를 정리하려고 하지 마세요. 때로는 그냥 어질러 두세요. 그냥 어질러 두면 시간이 지나 정리하지 않아도 저절로 정리되는 일도 있고, 정리할 필요가 없을 만큼 작은 일들도 있습니다. 정리해야 하는 일인데 정리되지 않는다고 너무 낙담하지 마세요. 삶은 때론 내가 가진 능력보다 아주 조금 더 큰 시련을 주어 나를 힘들게 하기도 하거든요. 그건 포기하라는 뜻이 아니라 서지도 못했던 내가, 걷고 겨우 걷던 내가 뛰게 되는 것처럼, 늘 그렇던 내 자신이 성장하는 기회로 삼으라는 뜻일 거예요."

뒤죽박죽 되어버린 내 삶에 정리가 필요한 것 같은데도 정리가 되지 않는 이때, 카톡 메세지가 들어온다. 행복유아연구소 소장님의 목소리로 낭독을 한다. 글 낭독이 작은 위로가 되었다. 걷지도 못했던 내가 걷고 뛰고 달릴 수 있게 되었다는 말이 위안을 준다.

걷고, 뛰고, 달리고, 입학하고, 졸업하고, 결혼을 하고 남편, 아들, 딸이 생기고, 딸이 결혼을 하고, 손자가 생기고, 내 인생에도 많은 변화가 있었다. 뒤돌아보면 많은 일들을 해왔다고 나에게 칭찬을 해주고 싶다. 잘살아 왔다고, 잘했다고 말이다.

오늘도 시아버님은 주간보호 센터에 등원하신다. 이제부터는 혼자만의 시간이다. 제일 행복한 1시간짜리 선물이다.

《하루 한 장 마음챙김 긍정 확언 필사집》을 필사하면서 629일 차가 되었다. 요즘 책을 조금씩 읽어가고 있다. 항상 책을 읽어야 한다는 생각을 하면서도 잘 되지 않았다. 긍정확언을 하면서 책장을 뒤져 보았다. 한 권의 책이 눈에 들어 왔다. 처음부터 너무 두꺼운 책보다는 얇으면서 진도가 잘 나갈 수 있는 책을 골랐다. 그 책이 바로《선물》(스펜서 존슨 지음/형선호 옮김)이다.

'세상에서 가장 소중한 선물'은 뭘까? 이 책에서는 귀중한 시간을 사용하는 세 가지 방법을 제시하고 있다.

첫 번째, 현재 속에 살기. 바로 지금 일어나는 것에 집중하라. 소명을 갖고 살면서 바로 지금 중요한 것에 관심을 쏟아라.

두 번째, 과거에서 배우기. 과거보다 더 나은 현재를 원한다면 과거에 일어났던 일을 돌아보라. 그것에서 소중한 교훈을 배워라. 지금부터는 다르게 행동하라.

세 번째, 미래를 계획하기. 현재보다 더 나은 미래를 원한다면 멋진 미래의 모습을 마음속으로 그려라. 그것이 실현되도록 계획을 세워라. 지금 계획을 행동으로 옮겨라.

이제 와서 돌이켜보니 책에서 말했듯이 난 현재라는 시간을 매일 매일 선물받고 있었다. 열심히 지금이라는 시간에 충실하

면서 말이다. 지금 6학년 1반 미래를 계획한다면 건강하고 멋진 할머니, 남편과 여행 다니기, 건강이 허락할 때까지 골프 하기, 친구들과 여행하기 등이다. 나의 꿈은 선생님이었다. 꿈은 이루어졌다. 28년 동안 선생님으로 일을 했다. 이처럼 내가 발전하고 성공할 수 있었던 것은 남편의 채찍질 덕이다. 남편의 채찍질이 없었다면 그냥 가정주부로 지냈을 것이다. 현모양처가 꿈이기도 하였으니 말이다.

오늘도 긍정 확언을 필사하고 단 몇 분이라도, 몇 장이라도 책을 읽어 가는 일상의 변화된 모습을 본다.

더 나은 미래를 위하여!

Chapter 05

용서

용서는 눈 쌓인 곳에 해가 비쳐 따스해지는 것 같이, 나의 언 마음에 따스한 기운을 불어 넣어 지나간 일로 만드는 것. 용서는 너를 위한 것이 아닌 나를 위한 것이다.

용서는 내가 나에게 주는 선물이다

임미정

마음의 먼지를 털어내듯 긍정의 말을 따라 쓰며 용서를 마주했다. 필사와 함께 캘리그리피 365 챌린지를 시작한 지 150일 차 되던 날이다. 이날의 메시지는 "용서는 나에게 주는 선물입니다."이다.

"'용서'라는 글자가 왜 예쁘게 써지지 않을까?" 용서의 첫 글자 '용'자를 쓸 때 초성을 크게 쓰기도 하고 받침인 'ㅇ'을 크게 쓰거나 작게 썼다. '서'자를 쓸 때도 앞 글자처럼 시도했다. 전체 구도를 잡고 잘 써보려고 궁리했다. 연습장으로 사용하고 있는 초등학생용 네모 칸 노트에 잘 써지지 않아 반복해서 연습했다. 시계를 보니 벌써 30분이 지났다. 흰색 캘리그라피 북을 다시 꺼냈다. 크로타케 붓을 조심스럽게 들어 마음을 모아 썼다.

마음에 들지 않아 뜯어내고 반복해서 썼다. 캘리그라피로 글씨 쓰는 실력이 부족함에 그랬겠지만 '용서는 내가 나에게 주는 선물입니다.'라는 이 문장 쓰는 데 다른 때보다 많은 시간이 소요되었다. 이렇게 시간이 걸리다니 이른 아침 소중한 시간을 허비했다는 생각이 들었다. 시간이 아깝다는 생각도 들었다. 또 하나 여러 번 글씨를 쓰며 뇌리를 스치는 것이 있었다. '용서'라는 단어는 글씨를 쓰는 것과 글로 쓰는 것은 그래도 쉬운데 이를 실행하기까지 많은 시간이 필요하며 참 쉽지 않다는 거였다.

"용서는 나에게 주는 선물입니다."를 곱씹었다. '용서'라는 단어와 마주할 때 누가 떠오르는가, '용서할 수 없어.' 하며 다짐했던 경험은 없었는가를 나 자신에게 자문자답했다.

누군가를 떠올릴 때 나의 마음에 불편함이 있다는 것은 상대를 자연스럽게 받아들이지 못하는 부분이 있다는 방증일 게다. 진정으로 자연스럽고 편하게 받아들이지 못하는 관계, 이는 분노의 색이 연하든 진하든 간에 '마음 한구석에 회색빛 응어리'로 남아있어서일 것이다. 어떤 상황을 놓고 '내 생각과 다르면 틀리다.'라고 간주할 때가 있다. 이에 따라 섭섭함과 분노가 생기고, 분노는 갈등 관계를 낳는다. 이때 대화와 소통 없이 지내면 갈등의 골이 깊어진다. 서로 용서를 구하거나 용서하지 않으면 팽팽한 줄다리기를 하는 상황에 놓이게 된다.

　용서한다는 것은 캘리 글씨체가 잘 써지지 않은 것처럼 쉬운 일이 아니다. 하지만 마음먹기에 따라 달라진다. 긍정의 눈으로 바라보면 별일 아닌 것도 부정적 시각으로 바라보면 문제가 된다. 생각이 다른 부분을 놓고도 누군가 먼저 마음 문을 활짝 열고 손 내민다면 불편한 관계는 봄눈 녹듯 녹아내린다. 하지만 대부분 쓸데없는 자존심에 붙잡혀 불편함을 감수하고 지내는 걸 보게 된다.

　깊숙이 들여다보니 나에게도 작은 응어리진 게 있었다. 나 개인이 아닌 단체 일로 비롯된 것이다. 생각의 차이로 단체가 나뉜 상황이 되었을 때 그 중심의 핵심 인물이 아니었음에도 내 이름이 거론되고 있었다. 이는 단체 분리 필요성에 관해 다르게 보는 관점과 같은 유형의 어린이집이지만 지원체계가 다르기에 내가 따르지 않는다는 내용이었다. 생각 차이로 인한 갈등의 시간이 길었다. 다수에 의한 소수가 받는 불편함은 매우 컸다. 개인적으로 분노할 때가 있었고, 속상함은 이루 말할 수 없었다. 한 해 두 해 지나면서 섭섭했던 나 개인의 감정은 점점 무뎌졌다. 평온함으로 나아가고 있을 때 내가 속한 단체에 문제가 발생했다. 이 상태가 지속된다면 두 단체 모두 피해를 볼 수밖에 없을 것이다.

　상황을 수습하기 위한 상위 단체의 회의가 있었다. 나는 단체 고문으로 참여해 달라는 요청이 있어 함께 참여했다. 좀처럼 풀리지 않는 정국 정세와 같은 분위기였다. 갈등 관계의 주된 인물이 우리 단체는 '나'이고, 상대의 단체는 내 이름과 같은 성을 가진, 한때 임원 활동을 했던 분이라 하니, 이제는 이해와 수용으로 우리가 나서 '이 문제를 풀어가는 징검다리 역할을 하면 좋겠다.'라는 생각이 들었다.

　"용서는 과거를 있는 그대로 받아들이고 지금 이 시각을 앞으로 나아가는 데 사용하는 것이다."

- 오프라 윈프리 -

　'용기 있는 사람이 먼저 손을 내민다.'라고 했던가. 한때 섭섭함의 대상이었지만 용기를 냈다. 자존감으로 단단히 무장한 후 자존심을 내려놓고 전화했다. 이후 그녀가 운영하는 구절초가 흐드러지게 핀 카페로 약속 장소를 정했다. 환상의 콤비라고 칭함을 받았던 그녀와 정말 오랜만의 해후였다. 반가움이 앞섰다. 테이블을 사이에 두고 마주 앉았다. 두 사람의 머리는 검은

머리 사이에 흰 꽃이 피어 있다. 신체는 늙어가고 있었지만, 마음은 익어가고 있었다. 예전과 다르게 생각의 폭이 아주 좁혀져 있음을 느꼈다.

　용서는 마음의 수행이며, 과거의 불편함으로부터 해방이다. 조앤 런든의 말처럼 용서는 우리의 삶에 웃음과 후련함을 돌려준다. 오랫동안 굳게 닫혔던 마음 문을 활짝 열고 과거의 모든 것을 수용하려는 마음은 내가 나에게 준 선물이다. 그녀와 헤어져 집으로 돌아오는 길은 갈 때와 다르게 새털처럼 마음이 가벼웠다.

어릴 적 엄마의 모습

박설희

용서는 당신의 마음속에서 일어난다.
상대방과는 아무 상관도 없다.

진정한 용서의 목적은 그 고통으로부터 나 자신을 풀어주어야 한다. 누군가를 용서할 수 없다는 감정을 갖는 이유가 무엇이었든, 그 감정을 뛰어넘을 수 있기에 지금 선택해야 한다. 지금 이 자리에서 꼼짝하지 않고 계속 원망하는 길을 선택할 수도 있을 것이며, 자신을 위해 과거에 일어난 일을 기꺼이 용서하고 놓아버리고 기쁨이 넘치는 만족스러운 방향으로 나아갈 수도 있을 것이다.

긍정 확언 필사를 하면서 용서라는 이름으로 난 두 번째 길을 택했다. 나를 위해 과거의 일을 풀어주고 자유롭게 날아 보고자 한다. 물론 쉽지는 않았다. 어릴 적 엄마와 관련된 부정적인 감정이 남아 있기 때문이다. '용서'라는 단어를 떠올리면 우리 엄마 생각이 난다. 엄마의 얼굴과 겹쳐지는 나의 어릴 적 경험들이 지금도 생생하다. 아직 우리 엄마를 이해하지 못했다는 생각이 든다. 같은 여자로서 좀 이해할 수 있을 것 같은 생각도 잠시 다 싫어진다.

난 부모님의 축복 속에서 태어난 아이가 아니다. 엄마 나이 19살에 임신을 하여 20살에 태어난 나, 그것도 일란성 쌍둥이로 둘이 함께 태어났다. 남편도 없이 외가의 눈치를 참아가며 임신기간 동안 우리를 품고 있으면서 무슨 생각을 하였는지 지금도 엄마 생각이 궁금하다. 성인이 된 후에도 알고 싶었지만, 내성적인 성향의 나로서는 물어볼 수조차 없었다. 더구나 지금은 더 그러하다. 엄마는 알콜성 치매를 겪고 있는 2등급 중증 환자이기 때문이다.

내 어릴 적 부모님과의 추억은 하나도 없다. 아니 손에 꼽을 수 있을 정도이다. 나이가 어린 탓에 엄마가 아빠 없이 우리를 양육할 수 없는 상황이라 나는 외할머니댁에서 자랐고, 쌍둥이 동생은 큰외삼촌댁에서 생활하게 되었다. 그러니까 8살이 될 때까지 나와 똑 닮은 자매가 있는지조차도 몰랐다. 외삼촌의 가정사에 변화가 생긴 덕분으로 우리는 재회하게 되었다.

외할머니집에서 그렇게 고등학교 시절까지 쌍둥이 동생과 함께 보낸 후 대학에 다니면서 엄마가 있는 곳인 창원으로 오게 되었다. 엄마의 생활력은 굉장히 강했지만 나에게 비친 엄마의 모습은 빵점이었다. 엄마는 재혼한 새 아빠와 사별하며 11살 나이 차가 있는 남동생도 있었지만, 엄마는 그 동생에게도 엄마로서의 역할과 책임을 다 해주지 않았다. 학교 숙제뿐만 아니라 끼니 챙겨주고, 씻기는 것까지 모두 누나들이 해주어야 했다. 엄마는 엄마로써 응당 집안에서 해야 하는 아이들의 케어를 내팽개친 채 바깥일을 하기에 바빴다. 그러면서도 우리들의 생각은 무시한 채 엄마의 생각대로만 생활하며 지내왔다. 하지만 엄마는 우리들의 모습이 나름 기특했는지 주위 친구들이나 알고 지내는 지인들에게 우리 아들딸들은 정말 착하다며 자랑을 하곤 하셨다. 그 덕분에 나는 착한 아이 콤플렉스에 빠져들며 나를 희생하고 무조건 마음 아픈 일이 생겨도 내색하지 않고 참겨 견디는 데 익숙해졌다.

지금 생각하면 그렇게 부유하지 않았지만, 여동생, 남동생이 함께 했던 그 추억이 가장 행복했다고 느껴진다. 엄마의 빈자리를 대신하며 세 사람이 함께 시장에 가서 음식 재료를 사고 맛있게 요리해서 먹었던 기억, 가끔 공원이나 수영장, 놀이공원에 가서 신나게 놀이기구도 타며, 바다 수영도 하고 즐겁게 놀았던 기억, 그리고 서로의 생일을 기억하며 손 편지와 선물을 주고받은 기억이 난다. 우습지만 원망으로 가득한 나의 불행한 청소년 시절을 엄마의 탓으로 돌리기만 했는데, 이 글을 쓰면서 엄마로 인해 동생들과의 추억들이 떠오르게 되니 나 자신이 참 행복해진 것 같아 엄마에게 고맙다는 생각도 든다.

그래 엄마는 집안의 가장으로 힘들어도 아빠가 없는 우리를 보살피기 위해 아빠의 역할까지 책임져야만 했던 억척스러운 부모였다. 용서는 내가 나에게 주는 선물이라고 하지 않던가! 나에게도 선물을 주며 엄마에게도 선물을 주자고 결심해 본다. 아니 다짐한다. 우리 엄마를 이제 나의 과거 어렸던 자아로부터 자유롭게 해주려고 한다. 자식의 얼굴조차 자신의 기억 속에서 지워버린 엄마의 모습을 보면서 느껴본다.

엄마에게 얼마의 여생이 남았는지는 모르겠다. 이제는 자식들의 그늘에서 남은 인생 편안하게 지내며 예쁘고 즐거운 것만 보고 들으면서 인생을 행복하게 살아갈 수 있게 해드리고 싶다. 나의 어릴 적 엄마! 용서해. 그리고 울 엄마가 되어줘서 고마워! 사랑해, 울 엄마!

용서, 내 마음의 날갯짓

배정숙

사람들과 관계를 맺으며 살아가는 동안, 우리는 서로에게 상처를 주기도 하고 상처를 받기도 한다. 자신이 남에게 준 상처는 쉽게 잊혀도, 다른 사람이 나에게 준 상처는 마음 깊이 오래 남는다.

사전적 정의를 보면 용서는 "지은 죄나 잘못을 벌하거나 꾸짖지 않고 덮어주는 것"이라고 한다. 그러나 실제로 용서하는 일은 그리 쉽지 않다. 오랜 세월 종교에서 용서를 강조해왔음에도, 삶의 태도로 자연스럽게 스며들기는 어려운 것이 현실이다.

나의 마음속 감정을 글로 끄집어내어 표현할 때, 나는 용서가 단순히 상대를 위한 것이 아니라, 나 자신을 위한 정신적 날갯짓임을 깨닫는다. 용서를 통해 과거의 상처에서 자유로워지고, 내 마음의 평화를 되찾을 수 있다. 루이스 헤이의 긍정 필사를 하며, 나는 늘 긍정적인 생각으로 나 자신을 회복하고자 한다.

내 아이, 튼튼이를 떠올려 본다. 학창 시절 그는 나보다 더 단단하게 성장했다. 사소한 일로 힘들 때도 스스로 문제를 해결하며, 그 과정에서 받은 상처를 안고 성장했다. 이제 성인이 된 튼튼이는 아픈 마음을 스스로 치유하며 살아가고 있다. 그 곁에는 공인 스님과 지석 스님이라는 정신적 스승이 계셨다. 늘 튼튼이의 고민을 들어주고, 든든하게 지켜주신 스님들께 깊이 감사드린다. 나는 마음으로만 감사했음을 깨닫고, 곧 안부 전화를 드려야겠다고 다짐한다.

튼튼이 역시 스님께 안부를 전하며 마음을 나누는 사람이 되기를 바란다. 그들이 상처를 용서하고, 마음의 힘을 키울 수 있도록 인도해 주신 스님들 덕분에, 나는 내 아이를 있는 그대로 사랑할 수 있었고, 나 또한 상대에게 상처를 주지 않고 단단하게 살아갈 수 있었다. 나의 딸과 아들, 튼튼이는 우리 부부에게 주어진 축복이자, 사랑의 메신저다. 그들의 작은 희망과 말 한마디가 나를 치유한다. 세상은 우리에게 큰 행운을 준 셈이다.

누군가는 용서를 '인간이 할 수 있는 가장 위대한 일'이라고 말한다. 나 역시 지금까지 살아오면서, 서로 용서하며 화해한 사람도 있고, 마음속에서 잊힌 사람도 있었다. 그렇기에 남에게 상처를 주지 않고, 상대방의 입장을 이해하며 조심스레 생활하는 것이 중요함을 깨닫는다. 열린 마음으로 용서를 실천한다면, 그것은 나에게 행운과 축복으로 돌아온다.

내 마음 치유의 방법은 간단하다. 내 안의 앙금을 지혜롭게 풀고, 다가오는 일을 슬기롭게 해결하며, 사랑의 메신저가 되고, 올바른 주인공이 되는 것이다. 긍정 필사를 통해 내 안의 긍정 에너지가 깊숙이 자리잡도록 하고, 하루하루 긍정 확언을 놓치지 않는다. 루이스 헤이는 용서를 단념하고 놓아주는 것이라고 정의하며, 모든 병은 용서하지 못하는 마음에서 비롯된다고 말한다. 기분이 좋지 않을 때는 주변을 돌아보며, 누구를 용서해야 할지 살펴보라고 한다. 용서의 방법을 고민하기보다, 단지 용서하려는 의지 자체로 자연스러운 방법이 따라온다고 강조한다.

용서는 내가 바꾸고 싶었던 과거가 이미 끝났음을 깨닫게 한다. 지금 이 순간, 과거의 엉킨 매듭을 풀고 새로운 미래를 맞이할 수 있다. 용서하는 마음은 우리의 내면을 튼튼하게 만들고,

새로운 일을 시작할 힘을 준다. 용서를 통해 삶은 풍요로워지고, 미래를 만들어가는 에너지를 얻는다. 용서를 통해 사람들과 소통하며, 새로운 삶의 문을 열고, 하루하루를 소중하게 살아가자.

나는 나를 용서한다

신 시 옥

출근할 때마다 5년여 동안 살았던 집을 쳐다보면서 나도 모르게 자책하고 있다. 15년 전에 어린이집을 사서 개원하며, 집을 줄여 17평 아파트에 살았다. 몇 년 지나 아파트 가격이 내렸다고 판단하여 17평 아파트를 팔고 대출받아 31평 아파트를 샀다. 위치는 좋았지만, 아파트가 오래되어 리모델링해야 했다. 벽지부터, 바닥재, 화장실, 전등, 샷시 등 고심해서 선택하고 인테리어에 각별히 신경을 썼다. 그래서 그런지 더 애정이 가는 집이었다.

봄이 오면 집 앞에 벚꽃이 만발해서 꽃 대궐 같았고 뒷산에 아카시아꽃이 흐드러지게 피어 향기가 물씬 풍겨오면 별장에 놀러 온 것처럼 기분이 좋았다. 교우들이 매주 금요일마다 모여 교제를 나누던 아지트이기도 했다. 우리 어린이집 바로 뒤에 있어 편리하고 쉼터가 되어주는 즐거운 나의 집이었다.

그렇게 좋아하던 집을 어이없게도 손해를 크게 보며 매도하고 말았다. 저축하며 살았던 습관이 몸에 배어 있어 빚지고 사는 걸 못 견뎌 하는 성미가 되살아났기 때문에 그랬을까? 1억 대출금은 30년 상환이니 갚아 나가면 그리 큰 부담은 아니었는데. 아직도 성급했던 나의 결정이 이해되지 않는다.

어느 날 퇴근길에 친하게 지내는 지인의 부동산에 들렀다. 내가 집을 팔고 싶다고 하자 중개사는 "시세가 바닥이고 손해가 너무 크니 좀 더 기다리세요."라고 권유했다. 나를 위해 진심으로 조언하는 중개사의 말도 무시한 채 그냥 팔아 달라고 말했다. 오는 길에 이웃 어린이집 원장을 만나 "방금 부동산에 우리 집 팔려고 내놨어요."라고 말했더니 이튿날 자기 원에 근무하는 교사를 데리고 집을 보러 왔다. 부동산에 의논도 하지 않고 중개인도 없이 하루 만에 그 교사와 직거래하고야 말았다. 대출을 다 갚고 단지 내 전세 아파트를 얻어 이사를 했지만, 마음 한구석이 너무 허전했다.

내가 집을 사고 5년 동안은 계속 아파트 가격이 내려가기만 하더니 팔자마자 오르기 시작하여 2년 동안에 2배 넘게 올라 급기야 투기 과열 조정 대상지역으로 지정되었다. 원금만 보전하고 팔았어도 덜 속상할 텐데 원금의 손해와 오른 것까지 감안해 보니 생각할수록 급하게 팔아버린 나 자신이 너무 원망스러웠다. 자본주의 사회에서 경제생활에 무능하다는 생각까지 들었다.

결혼 전에는 대기업 경리부에 근무하며 월급을 꼬박꼬박 모아 저축했다. 부모님께 손 안 벌리고 저축한 자금으로 결혼했고 오히려 부모님께 도움을 드려 효녀라는 칭찬까지 들었다.

결혼 후에는 남편의 월급으로 알뜰하게 생활하며 저축해서 내 집 마련을 했다. 아들과 딸을 어느 정도 키우고 사십이 넘어 맞벌이를 시작했지만, 재테크에는 관심을 못 가져 가정 경제는 늘지도 줄지도 않고 늘 제자리걸음이었다. 주식도 하지 않고 부동산에도 눈 뜨지 못한 내가 한심한지도 모르겠다. 글을 모르면 문맹이고 금융을 모르면 금융맹이라고 한다.

나를 돌아보니 내가 바로 금융맹이라는 자가 진단이 나온다. 지금이라도 경제공부를 하면 금융맹에서 탈출할 수 있을까? 어려운 숙제로 남아 있다. 그동안 큰 손해를 보고 매도한 집을 매일 볼 때마다 신중하지 못해 실수한 나를 향해 화도 내고 원망하며 자책을 많이 했다.

"지금 나는 화, 원망, 자책이라는 무거운 외투를 벗어 던진다. 나는 자유로워졌고 과거에 벌어진 문제에 대해 집착하는 것을 포기한다. 나는 나를 용서한다. 나는 나를 사랑한다. 이로써 나는 치유되고 완전해진다."라고 긍정 확언을 선포하고부터 조금씩 내가 나를 위로하기 시작했다.

 11월 1일부터 연말까지 60일 감사 일기를 쓰고 있다. 아침에 눈을 뜰 수 있어 감사, 음식을 먹을 수 있어 감사, 걸을 수 있어 감사, 가족을 주셔서 감사, 영아들을 사랑으로 보육할 수 있어 감사, 좋은 사람들과 관계를 맺을 수 있어 감사 등 감사할 거리가 가득하다. '세상에서 가장 행복한 사람은 감사하는 사람'이라는 말도 있는데 물질이 좀 부족해도 건강하고 일할 수 있으니 나는 지금 자족한다.

못하는 걸까, 안 하는 걸까

신 혜 정

 가족에게 무심했던 돌아가신 아빠, 볼 때마다 나의 단점을 알려주는 동네 언니, 어린 딸이 길을 잃고 방황하는지도 한참을 모른 내 나이 다섯 살 때의 엄마.
 내가 보아온 아빠는 가족을 살뜰히 챙기시는 분은 아니었다. 어린 시절의 나나 언니, 오빠와 놀아준 기억은 없었고, 같이 마실을 나간 기억도 남아 있지 않다. 가족 여행은 아이들이 경제생활을 시작하면서 하게 되었다. 자식들이 하자고 해서 겨우 나서는 아빠. 그마저도 싫다고 따라나서지 않을 때가 많았다. 가족의 평화보다는 자신의 안위가 더 먼저인 느낌이었다.
 동네 언니는 볼 때마다 나의 단점을 꼽아 주었다. "넌 그런 점이 불편하더라.", "답이 정해진 너야!", "어떻게 그럴 게 생각할 수 있지?", "넌 좀 특이해." 등 당시에는 그냥 넘겼지만, 나중에 생각해 보면 뭔가 불편한 말들을 해주던 아는 언니. 나의 단점을 스스럼없이 말한다. 단점 없는 사람은 어디 있겠냐마는 얼굴을 자주 보지도 못하는데, 볼 때마다 나의 단점을 들으면 기분이 좋지 않다.

5살 때 큰집에 가서 길을 잃어버린 적이 있다. 작은 아빠 결혼 음식 준비 중이던 엄마는 놀아주지 않아 말도 없이 나가는 큰집 오빠를 따라서 가게에 갔던 나. 돌아오는 길을 몰라 한참을 방황한 후에야 엄마를 다시 만났다. 당시에는 엄마를 만나 다행이라고만 생각하고, 엄마에 대한 원망이 없었다. 나이를 먹고, 상담을 하면서 알게 되었다. 아이가 5살이라면 엄마가 돌봐주어야 하는 것이 당연하다. 나의 엄마는 그렇게 하지 않았는데도 내게는 원망하는 감정이 없었다. 그 말을 들은 후 깨달았다. 나는 엄마에게 불만을 품을 수 없는 존재였구나. 난 그럼 누구에게 나의 안 좋은 감정을 속 터놓고 이야기할 수 있었을까? 가족 중에는 없었고, 그나마 친했던 친구 정도였다. 중학교 시절 내 사춘기를 다 받아 준 친구가 아직도 절친이다.

앞의 세 명은 내가 용서하기 어려운 사람들이다. 그런데 내가 진짜 용서 못 하는 사람이 한 명 있다. 그건 바로 나다. 미루는 습관을 지닌 나, 방어기제로 회피를 사용하는 나, 계획을 세우고 하지 않는 나를 보면 화가 날 때가 많지만, 이 또한 지나간다는 생각으로 넘어갈 때가 많다. 그러면서 마음 한구석에는 찜찜함을 남겨 둔다. 사실 이 글도 완성하기로 한 지 일주일이 넘어서야 쓰고 있다. 내가 가장 나를 잘 알기에 용서를 못 하는 거다. 타인의 실수나 행동하지 않는 것은 어쩌다 한번씩 보니 괜찮다 그럴 수 있다고 하지만, 나는 나의 실패와 하지 않는 일을 누구보다도 잘 알기에 더 불편하고 더 용서가 안 된다.

나의 불편한 감정을 알았으니 그 불편함을 해소해야지 마음이 편해질 것이다. 나를 위해 용서를 해야 한다는 말이다. 그런데 하고 싶지 않은 마음이 더 컸었다. 아직 내면의 아이가 성장하지 않은 탓이다. 내면의 아이를 성장시키기 위해 나를 인식해야 한다. 내가 무엇을 불편했는지, 어떨 때 기분이 좋지 않았고, 좋았는지, 어린 시절의 좋지 않았던 기억을 돌아보고 괜찮다고 토닥여 주는 게 내면의 아이를 성장시키는 한 방법이다. 긍정확언 필사집이 지금 그렇게 나의 내면 아이를 키우고 있다. 아이여도 괜찮다고, 실수하고, 미루고, 실패해도 괜찮다고 나를 감싸준다. 지금의 나 그대로 괜찮은 사람이라고, 사랑스러운 사람이라고 이야기 해준다. 좋은 글귀를 읽고 필사하면 내 에너지가 높아진다. 그러다 보면 자연스레 나와 내 주변을 지금보다 더 안아주는 날이 올 거라 확신한다.

용서는 자유

오정욱

　많은 인과 관계 속에서 얽히고 삭혔던 일들, 많이 아파하고 잊지 못하며 지워지지 않는 일들이 있었다. 굳이 꺼내어 하나하나 말하고 싶지 않는 것은 되내이고 싶지 않는 마음일까? 이 순간은 그러하다.
　가슴에 응어리들을 애써 풀어보려고도 했으며 이해와 타협이 없는 일들 속에 억하심정을 어루만져 스스로에게 평화를 가져오고파 무던히도 애써보았다. 쉬이 용납되지 않는 것들은 나 자신을 더욱더 아프게 할 뿐이었으며, 용서를 할 수 없는 자신에게 더욱더 가혹한 혼란만이 자리 잡는 듯하였다.
　어느 날부터 잊혀지지가 않는다면 체념하자고 생각을 바꾸기 시작하였다. 그리고 현실에 집중하였다. 그리고 무던히 달려보았다. 어느 날부터 세월과 시간 앞에서 조금씩 그리고 하나하나가 무색해지고 있음을 느꼈다. 애써 꺼내려 하지 말자고 자신을 다독거렸으며, 과거의 시간 앞에 얽힘들은 현재에 아무런 도움도 되지 않는다는 것을 자신에게 주입시키며 그냥 그러려니 하자고 다짐했다.

하루하루 엮이며 지내온 삶 속에 절대 받아들일 수 없는 일들도 시간이 지나면 잊혀지고 쉬이 용서가 되지 않는 일들도 어느 순간 무뎌져 나 자신에게 평화가 자리잡는 듯하였다. 시간과 세월은 화가 나서 으르렁거리는 호랑이의 노여움도 잠재운다는 것을 한 살 한 살 나이를 더 해가면서 알아가게 된다. 그래서 삶에 경륜이 쌓이면 세상을 바라보는 시야 역시 넓고 잔잔해는 것이 아닌가 생각해 본다.

다만 용서가 되었을까 하고 더듬어 보기도 하지만 그것은 어리석은 일이라는 것 또한 알아간다. 체념한다는 그 자체만으로도 이해를 얻어가는 것이며, 용서함로서 나 자신이 자유로워짐을 받아들인다. 그 자유 덕에 현재를, 그리고 미래를 더 소중하게 생각하는 현명함을 가지게 되는 것같다.

용서는 고통의 그늘에서 벗어나게 해주었고 또한 자유를 주었다. '용서는 나에게 주는 가장 큰 선물이었노라!' 하고 표현하는 시간을 사랑하고 있다. 앞으로 살아갈 날이 많기에 해야 할 일들도 많다.

나에겐 사랑하는 사람들이 많고, 나를 사랑해주고 지지해주는 사람들도 많으며, 더불어 지내는 벗들이 있다. 그 아름다운 사람들과 동행하며 이승에서의 추억을 쌓고, 행복해야 하는 일들을 무던히 찾는 것이 현명한 삶이라고 깨달았기에 작금의 현실에 감사함과 함께 성실함으로 답하고 있다.

이제는 내 존재의 진실을 알아가며 그리고 사랑하며 긍정하며 때로는 잊으며 체념하며 용서로서 자유를 찾는다. 그래서 지금은 행복하다는 생각을 늘 자신에게 부여하고 있다.

아버님 용서하세요

함말순

늘 마음 한편에 무거움을 느낀다. 시아버님께 버릇없이 행동한 사건이 있었다. 이제까지 사과 없이 그냥 지나쳤다. 공저《긍정 파워》'용서'라는 주제를 앞에 두고 늦었지만 글로써 용서를 구하고 싶다.

23년쯤 전에 일이다. 어린이집을 하기 위해 2층 주택을 샀다. 어린이집을 이곳으로 이사를 했다. 1층에 안채와 바깥채가 있었다. 거실 벽을 터 바깥채에는 어린이집을 운영하고, 안채쪽은 살림집을 같이 했다. 그 당시 집을 사고 어린이집을 옮기고 하면서 어려운 과정에 있었던 가운데 시어머니께서 고관절 수술을 하셨다. 몸의 거동이 불편하여 인사차 어머니께 '저희 집에 와서 몸조리 하시겠어요?' 하고 말씀드렸드니 어머니는 괜찮다고 부산 집으로 가시겠다고 하셨다. 하지만 시아버님께서는 "너희 집으로 가자."라고 하신다. 모실 준비도 없이 얼떨결에 집으로 모시게 되었다. 여유 방이 없으니, 안방을 내어드리고 우린 아이들 방에서 4명이 생활을 하였다. 한 달쯤 지나서 어머니께서는 자꾸 부산 집으로 가겠다고 하셨다. 그 뒤 일주일이 지나 아버님으로부터 전화가 왔다. "너의 집으로 다시 가야겠다."라고 하시면서 2층 집을 비우고 2층에서 살자고 하셨다. 그때 아버님께서 삼천만 원을 주셔서 전세금을 내어주고 2층에서 같이 살게 되었다.

2층에서 살면서 그때 일이 벌어진 것이다. 아버님은 술을 좋아하셨다. 그 시대의 아버지들은 힘든 삶을 술로서 이겨내시는 시절이었다. 며느리 앞에서는 술을 잘 드시지 않아서 술을 좋아하시는 줄 몰랐다. 부산 시댁에 우리가 간다고 하면 술을 드시지 않고 기다리고 하셔서 잘 몰랐다. 몇 번 느낌이 오긴 하였는데 술을 드시면 시어머니한데 화(火)풀이를 하시는 것 같았다. 어머니는 내 눈치만 보시고 아무 말이 없으셔서 모른 체했다.

이제 같이 살면서 편하게 지내게 되셨는지 술을 드시기 시작했다. 한 번 술을 드시면 며칠 내내 술을 드시면서 어머님을 괴롭히는 것이다. 한번이 두 번이 되고 세 번이 되고 자꾸 횟수가 늘어 갔다.

이제 나도 인내가 한계에 도달한 것 같았다. 술을 드시지 않으면 선비 같은 성격에 아는 것도 많으시고 명석한 분인데 술을 드시면 어머니한테 계속 잔소리와 욕을 하신다.

나는 우리 딸 아들이 듣고 보고 하면 너무 화가 났다. 하지만 참을 수밖에 없었다. 그런데 어느날 술상을 차려 놓고 계속 드시며 어머니께 욕설을 하고 계셨다. 그때 무슨 힘이 났는지 아버님께 대들었다. 아버님을 꼼짝하지 못하게 꽉 붙잡고 "이렇게 하시면 같이 살 수 없다."라고 했다. 우리 부부가 자녀에게 하지 않는 행동을 "왜 아버님이 우리 아이들한데 보여 주냐?"라며 대들었다. 아버님은 술상을 엎으시고 난동을 부리다가 옷을 주섬주섬 입으시고 집을 나가셨다. 그날 밤 집에 오시지 않았다. 그 당시 핸드폰도 없고 그냥 기다리고만 있었다.

아버님은 다음날 오후쯤에 집으로 돌아오셨는데 얼굴에 상처가 있었다. 넘어지셨는지 손가락에 상처도 있고 모습이 꽹 하셨다. 마음이 좋지 않아 식사를 챙겨 드리고 주무시게 했다. 술이 깨시면 기억을 잘 못하신다. 또 아무 일 없었던 것처럼 행동하신다. 그 전쟁을 치르고 난 뒤부터는 아버님이 술을 많이 드시지 않는다. 나이가 드시면서 아예 술을 끊으셨다.

지금은 93세로 지병은 있지만 건강관리를 잘하신다. 주간보호

센터에 등·하원 하시고 일요일에만 집에 계신다. 지금은 어린아이처럼 순한 양이 되셨다. 건강하게 잘 드시고 혼자서도 잘 생활하신다. 이 글을 빌어 아버님께 용서를 구하고 싶다. 아버님은 잊어버렸는지도 모르지만….

"아버님! 죄송했고, 사랑합니다."

"오래오래 건강하세요."

Chapter 06

관계

공동체 사회에서 더불어 살아가는 관계는 삶의 풍요와 충만함을 가지게 한다. 상대에 대한 기대와 기댐보다는 상대가 나와 다르다는 것을 인정하며, 이해와 배려, 공감을 시작으로 한 관계는 좋은 인간관계의 에너지원이다.

관계의 꽃

경청은 관계를 꽃피우는 기술이다. 마음의 귀를 열면 말보다 깊은 숨결이 들려온다. 긍정적 관계를 위한 의사소통 기술인 경청은 다른 사람의 말을 주의 깊게 듣고, 공감하는 능력이다. "이청득심(以聽得心)", 사람의 마음을 얻은 자는 흥하고 마음을 잃은 자는 망한다"라고 시경(詩經)에 말한다. 귀 기울여 경청하는 일은 사람의 마음을 얻는 최고의 지혜이자 신뢰를 쌓는 방법으로 소통과 인간관계에서 매우 중요한 요소인 셈이다.

코로나 19가 우리를 엄습했다. '새봄이 오면 괜찮아지겠지?', '여름이면 멈출 줄 알았는데…' 붉게 물든 단풍잎이 하나둘 떨어지는 가을이 가도 코로나19는 물러서지 않았다. 찬 공기가 온몸을 휘감던 계절에 시작된 전염병은 계절의 길목에서 종식되는 게 아쉬운지 여전히 기승을 부린다. 감염 방지를 위해 마스크를 낀 채 소통해야 한다. 마스크에 가려진 입과 표정을 볼 수 없어 소통하는 데 어려움이 있다.

요즘 '코로나 펜데믹 발생 이후 사람끼리 접촉하지 않는다.'라는 의미의 언택트라는 말이 자주 사용된다. 이와 함께 그럴수록 사람의 온기가 더욱 그리워진다는 것을 의미하는 휴먼 터치라는 말도 종종 듣게 된다. 김난도 교수가 말한 휴먼 터치란 '언택트 시대에 어떻게 하면 조직 관리와 경영의 많은 국면에서 최대한 사람의 숨결과 감성을 불어넣을 수 있을까'를 고민하는 트렌드다.

코로나가 창궐할 때 푸드표현 예술협회에서 진행하는 하이터치 소통기술 강좌를 수강했다. 의사소통은 마음이 막힘없이 서로 잘 통하는 것이다. "사람들끼리 상호작용하는 의사표현", "몸짓, 그림, 기호 등의 수단을 통해 서로의 의사나 감정, 생각을 주고 받는 일"이다(다음백과 2021). "소통이 잘되지 않음은 일종의 장애와 같다."라는 얘기가 될 정도로 소통은 중요하며 소통을 위해서는 경청이 중요하다. 상대의 말을 경청하고 소통하며 좋은 관계를 유지하는 것은 그리 쉬운 일이 아니다. 관계는 원만하게 이루어지기도 하지만, 불편한 상황을 초래하기도 한다.

협회 강사님은 수업 중 대상이 누구라도 괜찮으니 자신이 소통했던 모습과 관계에 대해 표현해 보라고 하셨다. 대상이 떠오르지 않았다. 그래서 소통과 좋은 관계를 유지하는 데 필요하다고 여겨지는 것 세 가지를 표현했다. 열린 마음, 관심, 소통시간 자주 갖기다.

소통의 대상이 누구든지 열린 마음이 있어야 한다. 먼저 귤을 반으로 잘라 펼쳐 접시에 놓아 열린 마음을 표현했다. 남편과 나는 노래를 잘 부르지 못한다. 나의 기억을 더듬어 보면 어릴 때부터 못 불렀던 것은 아니었다. 초등학교 때 동요를 배울 때 담임 선생님께서 선창하라고 하신 걸 보니 말이다. 자주 부르지 않아 못하는 상황이 되어버렸다. 소통도 이와 마찬가지일 라는 생각이 든다. 소통을 잘하고 좋은 관계를 유지하려면 관심을 갖고, 소통하는 시간을 자주 가져야 한다는 것이다.

접시 바닥에는 작은 입자로 되어있는 시리얼을 깔았다. 다음으로 남편이 사 온 찐빵 두 개를 접시에 놓았다. 떡살과 대추를 잘게 썰어 이야기꽃을 표현했다. 작품을 바라보다가 알록달록한 초콜릿 볼 몇 개를 놓으니 행복함이 묻어난다. 마치 남편과 함께 대화를 나누고 있는 모습 같다.

가끔 남편과 대화하다 기분이 상할 때가 있다. 남편은 악의를 담고 있지 않지만 부정 언어를 사용할 때가 있다. 나는 그런 말투는 듣기 거북하다고 반응한다. '나는 남편에게 어떻게 비춰질까?' 남편은 나에게 '상대의 얘기는 잘 듣지 않고 자기 하고 싶은 얘기만 한다.'며 핀잔할 때가 있다. 나는 그렇게 느끼지 못하는 데 말이다. 별거 아닌 사소한 말 한마디로 불편한 상황이 초래하기도 한다. 같은 표현이라도 상대의 기분과 상황에 따라 다르게 느껴질 것이다. 이처럼 우리가 사용하는 언어는 관계를 강화하기도 하고, 악화시키기도 한다. 부부관계를 비롯한 타인과의 관계에서도 마찬가지일 것이다. 말은 중요하며 힘이 세다. 긍정의 말로 타인을 칭찬하는 것은 상대를 인정함을 표현하는 하나의 방법이다. 원활한 의사소통과 원만한 인간관계를 위해서는 함께하는 시간을 자주 갖는다. 관심을 집중하는 대화가 필요하며, 상대를 보면 단점을 부각하기보다는 장점 찾기를 한다. 걸림돌이 되는 것을 디딤돌로 만드는 연습 또한 필요하다.

소통과 긍정적인 좋은 관계는 거울이다. 내가 어떻게 하는가에 따라 상대의 반응이 거울에 비치듯 나타난다. 먼저 밝은 표정을 하며 마음 문을 열어야 한다. 상대의 말에 경청하며, 원장 CEO 과정에서 배웠던 것처럼 개구리, 뒷다리, 개나리, 보따리, 항아리…. 하얀 이를 드러내며 미소 짓는 '이' 모음법 훈련을 한다. 미소는 소통과 관계를 부드럽게 한다. "힘드시겠지만 도와주실 수 있나요?" 등 청유형으로 물어보는 쿠션어가 더해질 때 소통이 원활해지며, 좋은 관계의 꽃을 피운다. 소통은 관계를 좋게 하는 마력이 있다.

관계 회복으로 행복한 나

박설희

 가장 먼저 개선해야 하는 관계는 자기 자신과의 관계일 것이다. 왜냐하면 행복한 사람은 다른 사람에게도 매우 매력적으로 보일 수 있고, 본인이 행복하면 다른 이들과의 관계도 좋아진다고 생각되기 때문이다. 그래서 더 많은 사랑을 원한다면 자신을 더 많이 사랑하면 된다. 또한 비판, 불평, 비난, 징징거림을 멈추고 외롭다고 느끼지도 말아야 하며, 현재의 자신에게 만족하면서 기분 좋은 생각만 골라서 해야 한다.

 '관계'와 관련된 긍정 확언 필사를 하면서, 심장을 한 대 얻어맞은 듯한 충격을 받았다. 한 번도 생각해 보지 못한 '관계'라는 부분에서, 나는 늘 다른 사람 때문에 그렇게 되었다며 불평 속에서 비난만 하며 살아왔기 때문이다. 보통 우리가 '관계'라고 이야기하면 주위 인간관계를 먼저 떠올릴 것이다. 그것이 바로 남의 삶을 살고 있기 때문이라고 생각한다.

생각해 보자! 과연 남의 눈치를 살피면서 나의 삶을 억압하며 감정을 누르고 살고 있지는 않은가? 지금이 바로 반성할 타이밍이다. 지금도 늦지 않았다. 자신의 진짜 모습을 진정 사랑하면, 중심을 잡고 차분하고 안정적으로 지낼 수 있으며, 직장뿐만 아니라 가정에서의 인간관계도 멋지게 유지될 것이다. 또한 다양한 상황에서 사람들에게 예전과는 다르게 반응할 수 있으며, 한때는 절실하게 중요했던 문제가 그렇게 중요해 보이지 않을 수도 있을 것이다. 새로운 사람들이 당신의 삶에 들어올 테고, 아마도 오래된 몇몇 사람은 사라질 것이다. 이건 처음에는 좀 두려울 수도 있지만, 한편으로는 멋지고, 상쾌하며, 흥미진진한 일이 될 것이다.

나는 40대 중반 이전까지 나 자신을 무시하고 소중하게 여기지 않으며 어릴 적부터 건강을 돌보지 않고 지내왔다. 그 이유로 안 아픈 데가 없을 정도이다. 한 해 한 해 나이가 들어감에 따라 여기저기 쑤시고 결리고 쥐가 난다. 특히나 잠을 자고 일어났을 때의 허리 통증은 더하다. 이러한 이유로 매주 수요일이면 늘 가는 곳이 있다. 바로 쑥 찜질방이다. 쌍둥이 여동생의 추천으로 간 쑥 찜질방은 쑥이 면역체계를 증가시켜 암세포가 증식하지 않게 하고, 혈액순환이 잘되지 않은 사람들에게 따뜻하게 데워주는 효과가 있어 온몸이 찬 나에게 꼭 필요한 것 같다며 소개해 준 곳이다. 인기가 많은 곳이라 찜질을 할 수 없을 것이라 짐작했는데도 다행히 나의 이야기를 듣자마자 흔쾌히 허락해 준 원장님께 지금도 감사한 마음이 크다. 그리고 동생에게는 더 많이 감사하다. 그 덕분으로 쑥 찜질이라는 걸 처음 경험해 볼 수 있었다.

그 세월이 벌써 1년 하고도 두 달이 지났다. 쑥 찜질을 통해 나 자신에게 큰 선물을 주고 있었다. 내가 알지 못하는 사이에 건강을 찾기 시작했고 쑥의 효능을 보기 시작했다. 물질적인 것으로 나에게 보상을 주는 것보다 100배 아니 1000배 효과를 실감하고 있다. 그 이유가 가족인 동생의 큰 사랑과 쑥뜸 원장님의 깊은 배려, 내가 나를 생각한 진정성 있는 관계 회복이 건강함을 찾아 주었다고 생각된다. 그러다 보니 주위 사람들에게 예뻐졌다는 이야기를 많이 듣고 있기도 하고, 내가 행복하니 가족 그리고 직장 동료, 같은 취미활동을 하는 사람들과의 관계도 만나면 만날수록 그 시간이 즐거웠고 행복했다.

타인에게 나의 행복감을 전달하는 것만큼 좋은 일도 없을 것이다. 행복은 전염된다. 누군가의 행복한 모습을 보면 나도 모르게 덩달아 행복해지지 않는가. 캘리포니아 대학 샌디에이고의 제

임스 파울러 교수와 하버드 대학의 니콜라스 크리스 태키스 교수가 행복이란 사회의 관계망 속에서 역동적으로 퍼져나가는 거라고 말한 것처럼 행복은 사회적 관계망 속에서 퍼져나가는 일종의 긍정적인 '전염병'이라고 하였다. 내가 행복하면 나를 알고 있는 모든 사회적 관계를 맺는 사람들 역시 행복해질 것이다. 그러기 위해서는 먼저 나와의 관계 회복을 위해 노력해야 하며, 나 자신을 좀 더 사랑하며 존중하고 배려하며 하루하루 즐겁게 살아보고자 한다.

어울림의 온도

배정숙

　세상에서 가장 소중한 사람은 잃어버려서는 안 될 나 자신이다. 그래서 나는 늘 내 마음의 소리를 놓치지 않으려 한다. 작은 떨림, 스치는 감정 하나에도 귀 기울이며 살아가고 싶다.
　삶은 관계의 그물망 속에서 빚어진다. 기쁨과 설렘, 슬픔과 아픔, 감사와 보람, 때로는 오해와 상처까지…. 우리는 그 모든 감정을 통과하며 서로를 만나고 또 떠나보낸다. 그 과정 속에서 관계는 단단해지기도, 때로는 흐려지기도 한다.
　나는 이제 안다. 좋은 관계란 가까움의 정도가 아니라 서로를 존중하며 적당한 거리를 지키는 데서 비롯된다는 것을 너무 멀지도, 너무 가깝지도 않게 ― 난로처럼 따뜻하지만 뜨겁지 않게 그렇게 오래 함께할 수 있다.

내 어린 시절을 가득 채운 이름, 윤점이. 초등학교 삼총사로 함께 뛰놀던 단짝이다. 둘째 아이를 품고 있던 그때, 친구는 유방암 진단을 받았다. 아이의 건강을 위해 출산을 마치고서야 치료를 시작했고, 몇 해는 꿋꿋하게 잘 버텨냈다. 그러나 병은 다시 찾아왔고, 결국 우리는 너무도 빨리 이별해야 했다.

그날의 기억은 아직도 생생하다. 미정이와 함께 친구의 소식을 들으며 소리 내어 울었던 순간, 우리 어린이집에 다니던 윤점이의 둘째 아이 얼굴을 바라볼 때마다 가슴이 먹먹해 오던 순간…. 친구의 어머니를 뵐 때면 눈물이 왈칵 쏟아지곤 했다. 세월이 흘러 지금은 조금 덤덤해졌지만, 마음속 깊은 곳에서는 아직도 친구를 떠나보내지 못했다. 그리움은 여전히 나의 한 부분으로 살아 있다.

사랑한다, 친구야. 네가 곁에 없지만 너는 내 안에서 여전히 숨 쉬고 있다. 나는 너를 잊지 않을 것이다.

또 다른 단짝, 미정이도 있다. 이유 모를 탈모로 힘겨운 시간을 보냈지만, 꿋꿋하게 버텨냈다. 그리고 결혼을 하고 부산으로 이사하며 새로운 삶을 열었다. 지금은 아이 엄마이자 직장인으로, 대학원까지 마치며 여전히 성실히 살아가고 있다. 오랜만에 나눈 통화 속, 반가운 목소리에 웃음이 번졌고, "이제는 자주 연락하자."던 다짐이 마음속에 오래 남았다.

  나 역시 1년 전, 맘모톰 수술을 받으며 윤점이를 다시 떠올렸다. 삶은 문득문득 그리움으로 이어지고, 친구들의 얼굴은 불현듯 내 마음속에서 살아난다. 잊은 줄 알았던 기억이 불쑥 다가와 눈시울을 적신다.

  요즘은 유난히 초등학교와 중학교 시절을 함께한 친구들이 그립다. 우리는 늘 함께 웃고 떠들며 추억을 쌓았다. 결혼과 바쁜 일상 속에 자주 만나지는 못했지만, 그 시절 친구들은 서로에게 언제나 난로 같은 존재였다. 차가운 계절엔 따뜻함을 내어 주고, 힘겨운 시기엔 다정한 위로를 건네주던 벗들, 그들이 있었기에 내 청춘은 빛났다. 그런 인연이 있다는 사실만으로도 나는 감사하다.

  지금 내 곁에는 또 다른 인연이 있다. 두드림 동료들. 비록 온라인에서 시작된 만남이지만, 매일 함께 필사를 이어가며 다져진 정은 생각보다 깊고 끈끈하다. 서로의 글을 읽고 격려하는 짧은 한마디, 따뜻한 응원의 문장이 내 하루를 환하게 비춘다. 그 소중한 나눔 속에서 나는 오늘도 힘을 얻는다. 이 또한 삶이 내게 준 귀한 선물이다.

  살아가다 보면 스쳐 지나가는 인연조차도 소중하다. 그렇기에 나는 이제 감정을 허비하기보다 시간을 귀하게 여기며 관계를 아끼고 싶다. 상대를 있는 그대로 받아들이고, 나 또한 솔직히 보여주며 살아가고 싶다. 너무 멀지도 가깝지도 않게, 서로에게 난로 같은 존재로 남아주며….

루이스 헤이의 글을 필사하면서 내 마음은 한 뼘 더 자라났다. 그리고 좋은 사람들과의 인연 속에서 삶이 얼마나 풍성해지는지를 배웠다. 결국 어울려 가는 삶 속에서 잊지 말아야 할 단 하나는 자기 자신임을, 나는 다시금 마음 깊이 새긴다.

관계는 곧 삶이다. 그리고 그 삶 속에서 나를 잃지 않고 살아가는 것, 그것이야말로 가장 큰 위로이며 가장 큰 힘이다.

주는 게 기쁨이지!

신시옥

"우리 딸 청산중학교 교복 맞춰 주세요." 난생 처음 엄마와 단둘이 6킬로미터를 걸어 읍내에 갔다. 마네킹이 교복을 입고 서 있는 스타 의상실에서 콩닥거리는 마음으로 치수를 재었다. 얼마 후 교복을 찾아와 가족 앞에서 선보이고 몇 번을 더 입어 보며 행복에 젖었던 기억이 50여 년이 지난 지금도 생생하게 떠오른다.

시골에서 6남매를 키우며 농사일까지 거들어야 했던 엄마는 항상 바쁘셨다. 넷째인 나는 엄마의 사랑과 관심에 늘 목말라 있었다. 그런 나에게 오롯이 엄마와 교복을 맞추러 갔었던 '스타 의상실'은 엄마의 사랑을 확인한 소중한 추억의 장소로 남아 있다.

우리 엄마의 자식 사랑은 특별했다. 겨울이면 밤 늦게까지, 손뜨개질로 자식들의 옷을 만들어 따뜻하게 입혀주셨다. 재봉틀로

네 딸에게 원피스와 팬티도 손수 만들어 주셨다. 그때는 철이 없어 엄마가 만든 옷이 마음에 들지 않아 예쁜 옷을 사 달라고 졸랐다. 엄마는 간식으로 '술빵'을 자주 만들어 주셨다. 친구들에게 나눠 주면 인기가 그만이었다. 부침개나, 시루떡을 하는 날은 신나는 날이다. 이웃집에 떡을 돌리는 심부름을 하는 날이기 때문이다. 나누는 기쁨을 어릴 적부터 알게 해주셔서 지금도 나눔을 실천하는 것이 즐겁다.

어머니는 일제강점기 때 '정신대'로 끌려가지 않으려고 16세의 나이로 19세였던 아버지와 결혼했다. 집에 가고 싶어 밤마다 눈물을 흘리셨다고 한다. 지금으로 따지면 중학생 시기였으니 얼마나 힘드셨을지 짐작이 간다. 그 후 큰오빠를 낳고 돌이 될 무렵 6·25전쟁이 터져 아버지는 전쟁터에 나가시고, 시부모님을 모시고 피난길에 올랐으니 얼마나 고생스럽고 두려우셨을까?

아버지는 6·25 참전용사로 4년 만에 제대하고 돌아오셨다. 어머니는 효부셨다. 할머니가 91세로 돌아가실 때까지 삼시세끼를 챙기며 한결같이 모셨다. 부부 금실도 좋아서 아버지와 다투시는 걸 본 적이 손에 꼽을 정도다. 83세로 아버지가 먼저 돌아가시고 8년 정도를 시골에 홀로 계시며 손수 농사를 지으셨다. 자식들의 만류에도 "놀면 뭐 해 자식들에게 주는 게 기쁨이지!" 하시며 쌀,

된장, 간장, 고추장, 고춧가루, 참깨, 참기름, 들기름, 콩 등을 육남매에게 골고루 나눠 주셨다.

　자신에게는 늘 아껴서 옷 한 벌 변변하게 사 입지 않으시고 시어머니, 남편, 자식들의 뒷바라지로 한평생을 바치셨다. 5년 전 88세로 천국에 입성하신 어머니를 회고해 보니 어머니의 인생이 가엾지만 고귀하다는 생각이 든다.

　어느새 나는 우리 어머니의 아낌없이 주는 사랑을 닮아가고 있다. 자식들을 사랑하고 이웃을 사랑하며 살고 있으니 말이다. "영원히 사랑하는 그리운 어머니! 저를 사랑할 수 있는 사람으로 키워주셔서 고맙습니다."

　생애 초기에 양육자와 형성한 인간관계에서 비롯된 경험은 개인이 전 생애 동안 타인을 지각하고 이해하며 관계를 형성하는 데 기본 틀로 작용한다는 대상관계 이론에 공감 백배이다. 내가 지금까지 원만한 대인관계를 형성하고 살아가는 것은 다 엄마와 생애 초기에 안정 애착을 형성했기 때문이라는 결론에 도달한다. 그래서 지금 운영하는 어린이집에서 부모 교육을 할 때도 영아기 애착 형성의 중요성을 늘 강조한다.

　아침에 출근할 때마다 교복 입은 중학생을 많이 마주친다. 교복이 세련되게 변화되었다. 그러나 내가 중학교 입학할 때 엄마랑 같이 스타 의상실에 가서 맞춰 입었던 검은색에 하얀색 세라 카라의 단정한 교복이 나에겐 제일 멋진 의상으로 기억된다. 엄마와의 애틋한 사랑의 관계를 기억하게 하는 행복한 추억이 깃들어 있기 때문이다.

나의 색다른 인간관계

신 혜 정

　삶을 살면서 요즘처럼 사람들과 관계 맺기가 어려운 적은 없었다. 어려서는 학교에서 나도 모르게 관계가 맺어졌고, 사회생활을 할 때는 회사 내에서 친목 관계가 만들어졌다. 회사 이외에는 취향이 비슷한 사람끼리 만나다 보니 딱히 어려운 점 없이 인연이 이어지게 되었다. 그런데 아이를 낳은 후 지금까지 경험하지 못했던 새로운 인간관계가 만들어졌다.
　아이가 태어난 후 다니게 된 문화센터 엄마들과 어린이집의 엄마들이다. 성인이 된 이후 회사가 아닌 이상 매일 보지 않고, 자주 봐야 한 달에 한두 번, 혹은 일 년에 몇 번 보지 않은 사람들이라 나에게 영향을 크게 주지 않았다. 아이 덕분에 알게 된 엄마들은 달랐다. 어린이집과 동네를 오가다 마주치는 경우도 많았고,

육아 정보를 공유한다고 카톡으로 연결되어 있다.

뭐라고 해야 할까? 뭐라고 정확히 말할 수 없는 게 엄마들 집단 같다. 육아를 잘하고 싶다는 공통점을 가지고 있으면서 육아 방식은 서로 다르다. 서로의 다른 점을 인정하기보다는 자기의 주장을 하는 경우가 많다. 나와 다름을 틀림으로 받아들이는 경우도 있고, 친한 듯 친하지 않은 관계가 많다. 물론 마음 맞는 사람을 만나기도 하지만 그렇게 되기까지는 실패하는 경우도 많다. 매일 몇백 개씩 대화를 나누던 단톡방이 폭파되기도 한다. 그 폭파범이 나인 경우도 있었다. 나 또한 자기주장이 강한 엄마이다.

엄마들의 관계는 내가 안 보고 싶다고 안 볼 수가 없다. 육아처럼 경험해 보지 않으면 절대 알 수 없는 관계다. 이 관계에서 둥글게 살아가는 게 요즘 내 최고의 고민이다. 그러기 위해서 나의 에너지를 채우고, 말을 아껴야겠다고 생각한다.

요즘 많이 하는 MBTI에서 나의 판단 유형이 T다. 관계와 사람 위주가 아닌 사실과 진실에 관심이 많고 사람보다는 일 중심적인 사람이다. 우리가 일반적으로 생각하는 여성적인 특징과 먼 게 특징이다. T와 다른 F 유형은 사람과 관계를 중심으로 두고, 공감 능력이 좋은 사람들이다. F 유형이 많은 집단에서는 나는 좀 유별나 보이는 경우가 많았다.

고등학교 때 같은 반 여자아이들이 쉬는 시간에 같이 화장실을 가고, 심지어 같은 칸에 들어가는 것을 이해하지 못했다. 나는 운동부 친구와 짝꿍을 자처해 짝꿍이 훈련 가면 나 혼자 책상 두 개를 다 쓰는 것을 좋아했다.

대학 때는 여자들만 있는 과에 가서 학생회 일을 하면서 마녀 심판 비슷한 것을 받았다. 학생회 친구들이 모여서 나를 두고 나의 단점을 돌아가며 말했다. 당시의 나는 다른 친구들의 단점을 말하는 시간이 있을 줄 알았는데 아니었다. 나의 단점만 이야기하고는 그게 끝이었다. 그때는 기분이 많이 상하였지만, 친구들에게 말은 하지 못했다. 지금은 '내가 좀 유별나긴 했나 보다.'라고 생각한다. 그때까지만 해도 왜 그러는지 이해하지 못했다. 나 자신을 잘 몰랐고, 다른 사람과의 다른 점을 알지 못했다. '뭐가 잘못된 거지?' 생각하면서도 시간이 흐르는 대로 삶을 살아가게 되었다.

긍정확언 필사하면서 나의 내면을 들여다보는 시간이 늘어날수록, 인간관계가 조금은 편해졌다. 나를 알고 난 후 타인이 보이기 시작했다. 혹시 타인과의 관계가 어려운가? 그렇다면 자신이 어떤 사람인지 알아보는 시간을 가져 보자. 지금보다 더 편안한 마음으로 나와 주변인들을 볼 수 있게 될 것이다.

인간관계는 마음의 풍요로움을 가져온다

오정욱

　좋은 인간관계의 그물은 너무나 탄탄하게 엮어 간다. 그 그물 안에 걸러든 사람은 또 좋은 사람의 하나로 피라미드처럼 번져가는 행복둥지의 풍요로움을 가져다 준다. 사랑해주고 아껴주고 챙겨주면서 상처받은 곳에 허물을 덮어주는 아주 단단한 그물 속의 사람들! 그들은 행복하다. 관계 맺음의 좋은 에너지는 서로에게 진한 감동을 주고 진한 감동은 열정으로 승화된다. 열정의 승화는 아름답고 향기로운 꽃으로 열매 맺음한다.
　인생을 살아가는 방법에는 여러 가지가 있다. 그 중에는 나를 둘러싼 사람들과 행복한 관계를 이루며 사는 방법도 있다. 다양한 상황에서 관계 기술을 얼마나 잘 풀어가며 그 기술이 서술적 흐름으로 유연해질 수 있다는 것은 마냥 쉬운 일은 아니다.

상처받은 사람들은 자신의 상흔들을 잘 드러내지 않는다. 마음속 깊이 긁혀도 겉으로는 아닌 척 하며 곪고, 흉터가 남아도 스스로를 포장하기도 한다. 그것은 자신을 보호하기 위해서일 수도 있지만 애써 자신의 치부를 드러내고 싶지 않아서일 수도 있다. 그 어떤 것도 그 이유에 대해서 함부로 말할 수는 없다. 하지만 힘들 때는 푸념하고 쏟아 내어 자신에 응어리를 다소 풀어주는 것도 좋은 방법일 수 있다. 다만 그 아픔들을 진정으로 달래줄 수 있는 좋은 벗, 좋은 관계에 있는 사람이 그 대상이어야 한다.

한때 내 맘 같지 않는 인간관계 속에서 오는 배신감과 상실감으로 많이 아파한 적도 있었다. 때로는 감내하고 스스로 곪은 상처를 덮으려 애써 묻고 묻어 어느새 그 자리에 남는 많은 상흔들을 보았다. 때로는 믿음과 신뢰에 대한 인간관계를 원망하며 스스로를 책망했다.

나는 사람들과의 관계에서 진심을 말하고 전하고 싶다. 그러기에 가식 없는 관계에서 좋은 인연을 맺어 가고자 많이 애쓰는 편이다. 또한 좋아하는 이들에게 진정성 있는 믿음과 신뢰를 주려 하며, 상대 또한 신뢰하고 배려의 마음을 많이 가진다. 하지만 사회에서 만나는 사람들은 이해관계에 많이 얽매어 실리가 우선시 되며 실이익에 따라 믿음과 신뢰가 깨어지고, 배신감 같은 것을 자주 맛보았다. 인간성을 중요시 여기는 나 자신이 수용할 수 없는 기준들로 관계를 어지럽힐 때는 무척이나 힘든 경우도 있었다.

　이제는 좋은 관계를 맺을 수 없다면 체념하는 것 또한 하나의 방편이 아닌가 생각해본다. 애써 설득할 필요도 없으며, 가치 기준에 따라 사람들의 생각은 모두 다를 뿐인 것을 알아가야 한다고 본다. 또한 인간관계 때문에 마음을 다치고 힘들지 않으려면 마음 훈련으로 그 관계를 잘 운용하는 달인이 되는 것이야말로 나를 아끼고 사랑하는 현명한 지혜일 것이다. 그리고 이제는 그것이 곧 나를 사랑하는 방법이라는 것을 터득해 간다.

　많은 일들이 산재되어 풀어야 할 실타래가 많았던 시기가 있었다. 나는 '이 또한 지나가리라. 그리고 모든 것은 잘 풀어가야 할 굴곡일 뿐이다.'라는 생각에 빠져 있을 즈음에 만난 한 친구가 있었다. 그 친구로 인해 좋은 에너지를 주는 인간관계의 풍요로움을 느꼈다. 그리고 자신을 사랑하는 내가 되어가고 있다는 것 또한 알게 되었다. 나를 돌보는 가장 쉬운 방법은 '내가 주인공이다.'라고 생각하고, 내가 나 자신의 매니저가 되어 챙겨주어야 한다는 인생론을 일러 주었다. 그래서 때로는 인생 주인공의 역할로 기뻐할 때가 자주 있으며, 소중한 사람이 곁에 있음에 감사함을 느꼈다. 이것은 좋은 인간관계에서 오는 기쁨인 것 같다.

좋은 벗과 좋은 관계로 지내는 사람이 있다는 것은 행복한 일이며, 풍요로움을 안겨준다.

친구와 삶의 관계

함말순

 현재 제일 친한 친구는 삶의 구간마다 계속 바뀝니다. 그건 아주 자연스러운 일이고 막을 수 없어요. 새로운 인물들이 삶 속에 들어오고 그러면 그들과의 관계에 집중하게 되는 겁니다. 우정이라는 게 어떤 외부의 변화에도 그 깊이가 변하지 않는 막 바위처럼 단단한 성질의 것이 아닙니다. 친구관계는 서로에게 묶여있는 것이 아니며 그 거리는 언제나 변할 수 있다는 것을 기억하세요. - 오마르 -

 '현재 제일 친한 친구는 삶의 구간마다 계속 바뀝니다.'라는 말에 공감한다. 태어나 옹알이하면서 부모님을 통해 옹알이 친구를 만나고 어린이집에 가면서 어린이집 동기들을 만나고 유치원

가면서 유치원 동기를 만난다. 초·중·고등학교에 입학하면서 입학 동기를 만나고 졸업동기를 만나고, 이제 성인으로서 대학교에 가고 사회인으로서 회사 동기를 만난다. 같은 업종의 거래처와 관계자를 만나고 헤어지면서 관계가 형성된다.

나의 삶의 친구 관계 5막으로 나누어 이야기해 보려 한다.

제 1막 나의 어릴 적 친구. 마을 웅덩이에서 멱을 감고 헤엄을 치며 물장구치면서 놀았던 친구, 국민학교(지금은 초등학교) 저학년 때 받아쓰기 시험에서 탈락해 남아서 함께 공부하던 친구, 지금은 어디에 있는지 알 수가 없다. 보고 싶다.

제2막 중학교 친구들. 자전거 타고 5리 거리를 오가며 쌓았던 우정. 전학을 가면서 만난 또 다른 중학교 친구들. 바다에서 노젓

는 배를 타고 놀았던 추억. 지금은 연락이 되는 친구가 없다. 그 친구의 삶이 궁금하다.

제3막 고등학교 친구들. 누구나 고등학교 친구들이 제일 관계 형성이 잘된 것 같다. 이름을 말하자면 영남이, 연희, 영애, 재숙이. 지금도 각자 다른 지역에서 살고 있지만 가끔 만나 맛난 것도 먹고 같이 여행도 한다. 편안한 친구들이다.

제4막 직장동기 관계. 첫 직장은 구청 세무과였다. 그곳에서 근무하면서 아버지 같은 어른들과 관계를 형성하면서 처음으로 사회인으로서의 필요한 것을 배웠다. 두 번째 직장에서는 또래들과 함께 근무하면서 사회인으로서 저변을 넓혔다. 이후 결혼을 하고 자녀를 갖고, 그렇게 되고자 했던 선생님이 되었으며, 현재 28년째 해를 바꾸어가며 어린이집 원장으로 살았다. 그래서 주변 원장님들과의 관계는 끊어질 수 없는 관계다. 인생의 절반을 함께한 관계다. 인생의 동반자라 당당히 이야기할 수 있다.

제5막 대학원 동기 관계. 늦깎이로 대학원에 입학하고 어린이집 운영과 대학원 수업을 병행하면서 만난 사람들이 있다. 각기 직업이 다르고 나이도 다르지만 15년째 모임을 지속하고 있다. 각자 분야의 최고의 자리에서 열정 가득할 때 만나 끈끈한 정으로 이제는 여유있는 인생을 함께 같이 걸어가는 관계다.

여기까지 삶의 친구들이라는 주제로 지난 삶을 5막으로 나누어 회상해 보았다. 앞으로 제6막은 또 어떤 친구들과 관계를 맺게 될지 궁금하다. "인간관계는 시간이 갈수록 저절로 깊어지는 것이 아니다. 행동을 취하지 않으면 영원히 한 자리에 머무를 뿐이다."

인생을 살아가며 만나게 되는 친구는 삶과 연관되어 있다. 시간이 흘러도 보고 싶고, 친구의 삶이 궁금하고, 만나서 편안한 친구가 있다. 좋은 친구 관계는 일방적이 아닌 서로가 좋은 친구가 되어주고, 되기 위해 노력하는 것이 아닐까.

에/필/로/그

자칭 《긍정 확언 필사》 홍보대사가 되어

임미정

나의 닉네임은 '긍정의 힘'이다. 이는 나를 지탱하게 한 요인으로 내 삶에 커다란 변화를 가져왔다. 2022년 3월, 긍정 확언 필사를 시작하며 마치 홍보대사가 된 것처럼 행동했다.

미라클 모닝 필사는 긍정 바이러스가 되었다. 'Do Dream 연구소' 채팅방은 물론 내가 속해있는 전국 단위의 채팅방 여러 곳으로 퍼졌다. 컨트롤 브이를 몇 번이고 했다. 처음 긍정 필사가 시작된 것은 저서 쓰기를 하면서부터다.

'살리는 여자' 책 쓰기 하다가 나를 살린 요소를 들춰내니 그중 하나가 '필사'였다. 하지만 책에 실을 만큼 체계적으로 했다는 생각이 들지 않았다. '제대로 한번 해 본 후 한 꼭지 써야지' 하며 인터넷 서점을 검색했다. 그때 시야에 들어 온 것이 루이스 헤이의 《하루 한 장 마음챙김 긍정 확언 필사집》이다. 출간된 지 얼마 되지 않아 따끈따끈했다. 생각과 행동을 안내했다. 너그러운 마음을 이끄는 자석이었다. 또 하나의 꿈을 갖게 한 연금술이었다.

필사 1,239일 차 맞은 미명의 아침이다. 필사는 마음 챙김 하는 행복의 도구이자 몸과 마음의 치유제다. 근육을 단단하게 하는 영양제로 평생 함께할 나의 친구다.

하나의 긍정적인 생각이
수천 개의 부정적인 생각을 몰아낸다

박설희

필사를 시작하고 1,000일을 넘기며 지금도 진행형이다.

이제 필사는 나에게 아침 일찍 눈을 뜨면 하는 루틴 중의 하나가 되었다. 일어나면 양치하고 세수하고 볼 일 보고 아침에 간단한 밥을 준비해서 먹는 것처럼 일상에서 무심코 해야 할 일처럼 자연스러운 일과 중 하나가 되어버린 것이다. 왜냐고? 필사의 매력을 알아차렸다고 할까!

긍정 확언 필사를 하면서 내 마음의 근육이 단단해져 편안함과 자신감을 얻게 되었다. 처음 필사를 시작할 때는 필사의 힘을 모르고 시작한 터라 과연 필사가 나에게 어떤 영향을 줄 수 있는지 의심스러운 면이 많았지만, 그러나 웬걸 100일, 200일, 300일 점점 횟수가 늘어감에 따라 마음이 달라짐을 느꼈다.

"하나의 긍정적인 생각이 수천 개의 부정적인 생각을 몰아낸다."라고 슐러가 말한 것처럼 나의 가치는 다른 사람에 의해 검증될 수 없다. 내가 소중한 이유는 내가 그렇다고 믿기 때문이다.

나는 나를 위해 지금도 긍정 확언 필사를 하며 하루를 시작하고 마무리한다.

함께 쓰는 마음, 함께 걷는 길

배정숙

긍정 필사는 처음엔 그저 하루 한 문장을 따라 써보는 일이었다. 좋은 문장을 손으로 옮기는 단순한 습관이 삶에 어떤 변화를 줄 수 있을까, 반신반의한 채 시작했다. 하지만 100일, 200일이 지나며 우리는 알게 되었다. 작은 반복이 마음을 바꾸고, 마음이 결국 삶을 바꾼다는 것을.

혼자였다면 아마 멈췄을지도 모른다. 하지만 함께였기에, 그 시간이 쌓이고 이어질 수 있었다. 누군가의 100일을 축하하고, 또 다른 이의 고백에 조용히 고개를 끄덕이며, 마음을 나눴다. 그렇게 필사는 우리 모두에게 조용한 위로이자 새로운 시작이 되어주었다. 그리고 어느 순간, 우리는 깨달았다. 따라 쓰던 문장이 어느덧 내 안에서 피어나고, 나만의 문장으로 이어지고 있다는 것을.

필사는 단지 누군가의 글을 따라 쓰는 행위가 아니었다. 그것은 자기 마음을 듣고, 삶의 이야기를 꺼내는 힘이었다. 이제, 그 힘으로 우리의 글이 세상에 나오게 되었다. 이 책은 따라 쓰는 손끝에서 시작된, 마음을 따라 쓴 문장들의 모음이다.

긍정 확언 필사가 우리 안의 목소리를 깨워준 것처럼, 이 책이 당신의 마음에도 잔잔한 울림이 되길 바란다. 그리고 언젠가, 당신도 마음을 따라 쓰는 그 길 위에 서 있기를 바라며 글을 마친다.

긍정 확언 필사의 힘은 세다

신시옥

100일 필사로 루틴을 형성하고 '긍정 파워' 공저를 쓴지가 엊그제 같은데 어느새 1,000일 필사를 훌쩍 뛰어넘었다. 과연 긍정 필사의 힘이 강하다는 것이 증명되었다. 중도에 포기하고 싶을 때도 있었지만 학습공동체 'Do Dream' 방에서 함께 필사를 했기에 멈추지 않고 꾸준히 할 수 있었다.

긍정 확언 필사를 365일 동안 하고나니 가랑비에 옷 젖듯이 긍정 정서가 채워졌다. 그다음부터는 필사하는 시간이 즐거웠다. 《카네기 명언》, 《생각의 각도》, 《당신이 옳다》, 《최고의 교육》, 《말 그릇》 등 평소에 읽고 싶었던 책을 요약해서 필사했다. 감사일기까지 곁들여 쓰니 감사한 마음이 채워진다.

요즘 필사가 대세라고 한다. 유익함이 많으니 그럴 게다. 나는 필사의 힘으로 그동안 2권의 공저를 썼다. 앞으로도 손에 펜을 쥘 힘만 있으면 필사를 계속할 것이다.

내가 긍정 확언 필사를 이어가는 이유

신혜정

　필사를 시작할 때 나는 굳은 결심을 했다. '하루도 빠지지 않고 반드시 써야지.' 처음부터 그런 다짐으로 시작했다. "중간에 빠지면 그건 습관이라고 할 수 없어!"라는 생각이 강했다. 내가 생각하는 습관이란, 쉬지 않고 반복되는 행동이었고, 그 흐름이 끊기면 무너지기 쉽다고 여겼다.

　시간이 지나자, 내 삶은 그리 단순하지 않았다. 어느 날은 몸이 아팠고, 또 어떤 날은 아이에게 갑작스러운 일이 생겼다. 여행을 가거나, 정신없는 하루에 휘말려 그냥 흘려보낸 날도 있었다. 그럴 때마다 내 마음속에서는 두 가지 생각이 싸우듯 엇갈렸다.

　'며칠 빠지면 이건 습관이 아닌 거 아닐까?'

　'그래도 작심삼일을 반복하다 보면 결국 그게 습관이 되는 거지.'

나는 결국 후자에 마음이 더 기울었다. 매일같이 하는 것이 이상적이겠지만, 사실 나에게는 그런 성실성이 때로는 부담이었다. 완벽주의 성향이 강한 나로서는, 하루를 거르면 "이젠 다 끝이야"라며 쉽게 포기해 버리는 경향도 있었다. 아마 그런 나를 너무 잘 알기에, 두드림 필사는 완벽함보다 지속성을 더 중요하게 여겼다.

시간이 흐르고 필사를 지속해 가며 나는 '여유'라는 단어를 비로소 이해하게 되었다. 예전에는 여유를 '게으름'으로 착각했지만, 지금은 안다. 여유는 나를 더 멀리 데려가게 하는 삶의 리듬이라는 것을. 그리고 그렇게 깨닫게 된 또 하나.

'실수하고, 실패해도 나를 용서할 수 있어야 한다는 것.'

그 중요한 진실을 일깨워준 것이 바로 '루이스 헤이의 긍정 확언 필사'이다.

긍정 확언을 필사하면서, 나는 내 안의 많은 생각과 감정을 마주했다. 있는 그대로의 나를 받아들이는 연습. 실수해도, 실패해도 여전히 내가 나임을 인정하는 훈련. 그런 순간들이 쌓이면서 나는 천천히 성장해 간다. 필사라는 행동이 매일 이루어지지 않아도 괜찮았다. 하루쯤 빠질 수도 있고, 어떤 날은 한 주, 혹은 한 달을 건너뛸 수도 있다. 중요한 건, 마음속 깊은 곳에 '계속하고 싶다'는 의지가 살아있다는 것이었다.

만약 매일 같이 달리기를 하던 사람이 다리를 다쳐 몇 달 동안 운동을 쉬었다고 하자. 회복된 후 다시 달리기를 시작했다면, 사람들은 여전히 그를 '달리기하는 사람'이라고 부를 것이다. 필사도 다르지 않다. 나에게 긍정 확언 필사는, 그런 존재였다.

이따금 필사를 하며 나는 에너지를 얻고, 내 안의 긍정성이 차오르는 걸 느꼈다. 그러나 현실은 늘 밝고 건강하지 않았다. 너무 지치고 힘들 땐, 연필조차 들고 싶지 않았다. 그럴 땐 과감히 내려놓기도 했다. 흘러가는 감정을 억지로 붙잡기보다는, 바닥을 치고 올라올 때 다시 꺼내 들 준비를 하는 편이 나았다. 놀랍게도, 그렇게 멈췄다가 다시 시작할 때 필사는 내게 더 큰 힘이 되어주었다. 마치 깊게 숨을 들이쉬는 것처럼 말이다.

어느 날, 남편과 나눈 대화다.

"지금 뭐 해?"

"긍정 확언 필사하고 있어."

"애도 아닌데 왜 그런 걸 해?"

"내가 이걸 하면 자기한테 화를 덜 내."

"······"

그 침묵이 오래 기억에 남았다.

만약 내가 정말 화를 덜 내지 않았다면, 분명 남편은 "아닌데?

똑같던데?"라고 했을 것이다. 그런데 말이 없었다. 아마 속으로는 '요즘 좀 덜 내긴 하지' 생각했을지도 모르겠다.

사람들은 마음이 복잡할 때, 전문가들의 조언을 찾는다. 대표적인 것이 바로 '화가 났을 땐 심호흡을 하세요'라는 말이다. 나에게는 그 '심호흡'이 바로 필사였다. 좋은 문장을 차분하게 옮겨 적다 보면, 내 호흡이 길어지고 마음이 잔잔해진다. 한 글자, 한 문장을 따라 쓰는 동안, 복잡하던 마음속이 마치 파도가 잦아들듯 고요해진다. 어떤 날은, 필사 중에 만난 문장이 내 마음을 정확히 읽고 있는 것 같아 소름이 돋기도 한다.

나에게 가장 오래 남아 있는 문장은 '내가 나라서 좋습니다.'이다. 처음엔 어색하게 느껴졌지만, 반복할수록 이 말이 나를 감싸안는 듯했다. 앞으로도, 언제 어디서나 나는 나 자신을 더 많이, 더 깊이 사랑할 것이다.

필사는 나에게 '매일'보다 '계속'이 중요한 습관이라는 걸 가르쳐 주었다. 멈췄다가 다시 시작하는 용기. 그 모든 시간을 포용하는 따뜻한 자기 인정. 그게 바로, 내가 긍정 확언 필사를 이어가는 이유다.

더불어, 함께 자신을 성장시키는 긍정의 힘

오정욱

우리는 세상에 하나인 인격체로 태어난다. 이어 가족과 더불어 사는 삶에서 나아가 공동체 속으로 살아가고자 발을 디딘다. 그 속 현실들은 얽히고 설킨 많은 것들이 존재하며 다양함과 이질감, 부정적인 것들로 번뇌와 고뇌를 가지게 된다. 그것은 더 나은 삶을 위한 도전과 가치 추구를 위한 기로에서 모든 이들이 겪는 선로일 것이다.

그것들을 얼마만큼 이겨내고 극복하며 내 안에 공을 키울 수 있을 때 우리는 성공과 성취에 행복감을 맛보게 되며, 그 행복감을 알기에 또 다른 도전과 가치 추구를 하게 된다. 현실에서 내가 알아가는 것은 잘될 것이다! 잘할 수 있다! 괜찮다! 라는 모든 긍정의 의미 부여가 우리에게 강한 힘으로 작용되는 것을 경험을 통해 알아왔고, 그 긍정의 힘을 내면에 각성시키고 나의 것으로 만들어 가고자 하는 삶을 살아가고 있다.

　혼자서는 할 수 없는 일들을 더불어 함께할 때 더 큰 성취감과 함께 자신을 극복할 수 있는 힘이 되기도 한다. 긍정 파워로 글을 함께 쓸 수 있었음에 감사한다.

인생은 모든 긍정의 순간이
새로운 시작점입니다

함말 순

하루 한 장 마음 챙김 긍정 확언 필사 2022년 6월 9일 시작으로 오늘 656일 차 되었다. 매일매일 긍정의 메시지를 쓰고 읽으면서 아침에 긍정의 힘을 얻어 오늘 하루를 시작해 본다. 카톡으로 공유하면서 서로의 조금씩 변화하는 모습을 함께 응원하며 지지하며 사랑의 긍정을 느낀다. 혼자서는 할 수 없어 함께라서 용기를 내어 본다.

긍정의 힘으로 2022년 영남알프스 9봉 도전에 성공하고 은화 획득. 2023년, 2024년 영남알프스 8봉 도전 성공 은화 획득. 2025년 도전 중이다.

2025년 새로운 도전 앞에서 "예" "긍정"을 선택했다. 만 60세에 보험 재무설계사(FP)에 도전을 했다. 도움을 주는 사람, 긍정의 힘으로 작은 것부터 시작해 보자. 아무리 작고 사소한 것도 엄청난 결과를 가져올 수 있기 때문이다.

저자소개

임미정 : 슬기어린이집 원장

같이 & 가치를 추구하며 함께 성장하는 나너우리 Do Dream 연구소 대표를 맡고 있으며, 교육학박사 논문 주제인 학습공동체를 이끌고 있다. 저서로는 《생태 오감 놀이터》, 《내 아이랑 뭐 하고 놀지?》, 《아가야 응가하자!》가 있으며, 공저 《영아보육프로그램》, 《초보 작가 글 감옥 탈출기》, 《행복 너머의 플로리시》, 《행복하세요》 등이 있다.

박설희 : 창원시립 딩동댕어린이집 원장

글이 주는 위로의 힘과 글을 쓰면서 자아를 찾아가는 여정은 물론 글쓰기를 통해 다양한 기회까지 얻을 수 있었다. 시작은 막막했지만 쓰면 쓸수록 보물이 되는 긍정 확언 필사와 연애 중이다. 공저로 《행복 너머의 플로리시》, 《푸드야, 놀이를 부탁해!》가 있다.

배정숙 : 해맑은어린이집 원장

같이 & 가치를 추구하며 두드림 동료들과 내면의 힘을 키우고 있다. 인생에서 가장 값진 선물을 받은 기분이다. 좋은 사람들과의 인연으로 용기를 내어 글쓰기를 시작하면서 할 수 있다는 긍정의 메시지를 받고 부족한 나의 글을 동료들과 공유해 본다.

신시옥 : 푸른초장어린이집 원장

글쓰기와 필사를 통해 내면의 치유와 통찰로 마음 근력이 단단해지고 있음을 느낀다. 공저로 《행복 너머의 플로리시》, 《마음부자》, 《몽글몽글 내 인생》, 《행복하세요》 등이 있다.

신혜정 : 전) 글쓰기 코칭프로그램 '꿈꾸는만년필' 운영진

《다시 태교할 수 있다면》 공저, 《초보 작가의 글 감옥 탈출기》 저자. '서울 사는 신농부'의 이름으로 육아 & 자기 계발 네이버 블로거 운영

전) 글쓰기 코칭프로그램 '꿈꾸는만년필' 운영진 및 동명의 팟캐스트 진행 및 편집자

오정욱 : 하늘빛어린이집 원장

삶! 이란 혼자서 살아갈 수 없으며 더불어 함께여야 그 가치를 더 할 수 있다.

관계! 맺음이 원활할 때 우리는 인생에 행복의 가치를 더 할 수 있다.

더불어 함께 관계 맺는 것에 핵심은 긍정임에 그것을 늘 나의 보물 주머니 속에 넣으며 채워가고 있다.

함말순 : 전 딩동댕어린이집 원장

긍정확언 필사(272일차)를 통해 글을 쓰게 됨. 2025년 5월 현재 656일 차

영남알프스 9봉 도전 성공(2022년, 2023년, 2024년)

아이들과 함께하는 어린이집 원장 (1997년 2월~2025년 2월) 28년

만 60세 새로운 도전